W0054187

Etterer/Wambach/Schmitt

Exchange Traded Funds

Die Investment-Revolution für Privatanleger!

Gesamtbearbeitung: UnderConstruction München

Lektorat: Dr. Renate Oettinger

Umschlaggestaltung: Stephanie Villiger

Druck: Walch Druck, Augsburg

E-MAIL: etterer@finanzbuchverlag.de

Bibliografische Information der Deutschen Bibliothek:
Die Deutsche Bibliothek verzeichnet diese Publikation in der
Deutschen Nationalbibliografie; detaillierte bibliografische Daten
sind im Internet über **http://dnb.ddb.de** abrufbar.

1. AUFLAGE 2004

© 2004 BY FINANZBUCH VERLAG GMBH MÜNCHEN

LANDSHUTER ALLEE 61 · 80637 MÜNCHEN

TEL.: 089/651285-0 FAX: 089/652096

Alle Rechte, einschließlich derjenigen des auszugsweisen Abdrucks

sowie der photomechanischen und elektronischen Wiedergabe, vorbehalten.

Dieses Buch will keine spezifischen Anlage-Empfehlungen

geben und enthält lediglich allgemeine Hinweise. Autor, Heraus-

geber und die zitierten Quellen haften nicht für etwaige Verluste,

die aufgrund der Umsetzung ihrer Gedanken und Ideen entstehen.

ISBN 3-89879-027-4

Weitere Bücher: www.finanzbuchverlag.de

Inhalt

Grundsätzliche Risiken der Fondsanlage   75

Anlagestrategien mit ETFs   83

Funktionsweise von ETFs 115

Gesetzliche Rahmenbedingungen 122

Steuerliche Behandlung

Ein Krieger des Lichts glaubt.

Weil er an Wunder glaubt, geschehen auch Wunder. Weil er sich sicher ist, dass seine Gedanken sein Leben verändern können, verändert sich sein Leben. Weil er sich sicher ist, dass er der Liebe begegnen wird, begegnet ihm diese Liebe auch. Manchmal wird er enttäuscht, manchmal verletzt. Aber der Krieger weiß, dass es sich lohnt. Für jede Niederlage gibt es zwei Siege. Alle, die glauben, wissen das.

- Paulo Coelho -

Danksagung

Wir möchten uns bei allen, die zum Gelingen dieses Werks beigetragen haben, ganz herzlich bedanken, unabhängig davon, ob es sich um ermutigende Worte, um wertvolle Informationen oder um die Erstellung eines ganzen Kapitels handelte.

Zunächst möchten wir uns bei unserem Verleger, Herrn Christian Jund, der nach „Indexing" auch dieses Werk verlegerisch bestens betreut hat, bedanken. Zudem gebührt ihm große Anerkennung für sein Vertrauen und seine außergewöhnliche Art zu motivieren und zu inspirieren sowie für sein bemerkenswertes Fingerspitzengefühl.

Ein ganz besonderer Dank gilt Frau Rechtsanwältin Dr. Heike Sauerwein, Herrn Rechtsanwalt Matthias Rehner und Herrn Steuerberater Maik Gohlke, die bei Rödl & Partner für die rechtliche bzw. steuerliche Beratung im Bank- und Börsenbereich beratend tätig sind und in diesem Zusammenhang wertvolle Hilfe leisteten.

Besondere Unterstützung erfuhren die Autoren auch durch Herrn Christian Abstein, der mit umfangreichen Recherchearbeiten zur Entstehung dieses Buches beigetragen hat. Weiterhin leisteten wertvolle Beiträge: Herr Robert Beer, Frau Elena Ganem, Frau Ina Fernkäse, Frau Andrea Boecker und Frau Sandra Knechtel für die Hintergrundrecherche zur „Steuerlichen Behandlung von ETFs".

Für die Fachartikel im Insiderkapitel „ETF-inside" gilt unser Dank besonders Frau Deborah Fuhr, ETF-Chefanalystin bei Morgan Stanley, London; Frau Simona Gambini, Marketing Managerin der STOXX LIMITED, Zürich; Herrn Rechtsanwalt Christian Schneider und Herrn Thomas Pohlmann, INDEXCHANGE Investment AG, München.

Wir widmen dieses Buch allen privaten Anlegern und institutionellen Investoren, die bereit sind, im professionellen Asset-Management, neue innovative Entwicklungen für sich zu nutzen. Besondere Bedeutung kommt dabei den Exchange Traded Funds (ETFs) als „Königsdisziplin" der Indexanlagen zu. Das vorliegende Buch soll dazu beitragen, den Indexgedanken weiter bekannt zu machen und als Basisinvestment einer langfristig ausgerichteten Portfoliostrategie fest zu etablieren.

Köln/Bonn/Hammelburg, im November 2003   Die Autoren

Vorwort

Henry Wells und William Fargo wären bestimmt erstaunt. Etwa 150 Jahre, nachdem die beiden Amerikaner den berühmten Postkutschendienst Wells Fargo gründeten, ist ihr Unternehmen ganz fest mit einer der effektivsten Kapitalanlageformen verbunden. Im Jahre 1971 brachte das zwischenzeitlich zu einer Bank gewandelte Unternehmen den weltweit ersten Indexfonds heraus, den Samsonite Pension Fund für den gleichnamigen Kofferfabrikanten. Der Fonds richtete sich jedoch ausschließlich an institutionelle Anleger. Erst etwa fünf Jahre später kamen mit dem Vanguard 500 Indexfonds von John Bogle und Burton Malkiel auch Privatanleger in den Genuss einer indexierten Kapitalanlage. Die Kritik der Fachexperten war vernichtend: „Bogles Folley", Bogles Narrheit, nannte die US-Zeitschrift „Money" das neue Anlageprodukt. 30 Jahre später hat sich die öffentliche Meinung gedreht. Allein Vanguard verwaltet heute in seinen Indexfonds gut 200 Milliarden US-Dollar. In Deutschland hat sich das in Indexfonds verwaltete Vermögen von 8,4 Milliarden Euro Ende 1998 auf 11,3 Milliarden Euro Ende 2002 erhöht. Dies entspricht einem Zuwachs von rund 35 Prozent. In der gleichen Zeit sank hingegen das Aktienfondsvermögen um rund 35 Prozent.

Worin liegen die Gründe für diesen Erfolg? Durch den erheblichen Vertrauensverlust, den die starken Kursverluste an den internationalen Börsenplätzen beim Privatanleger hervorgerufen haben, fließt kein frisches Kapital mehr in die gerade für die Altersvorsorge so wichtigen Aktienfonds. Stattdessen erfreuen sich risikoärmere Investments, wie zum Beispiel Rentenfonds, Geldmarktfonds oder Immobilienfonds, einer immer größeren Beliebtheit. Was noch vor einigen Jahren in die Aktienmärkte floss, fließt jetzt in sichere Anlagen. Diese Entwicklung zeigt auch nachfolgende Statistik:

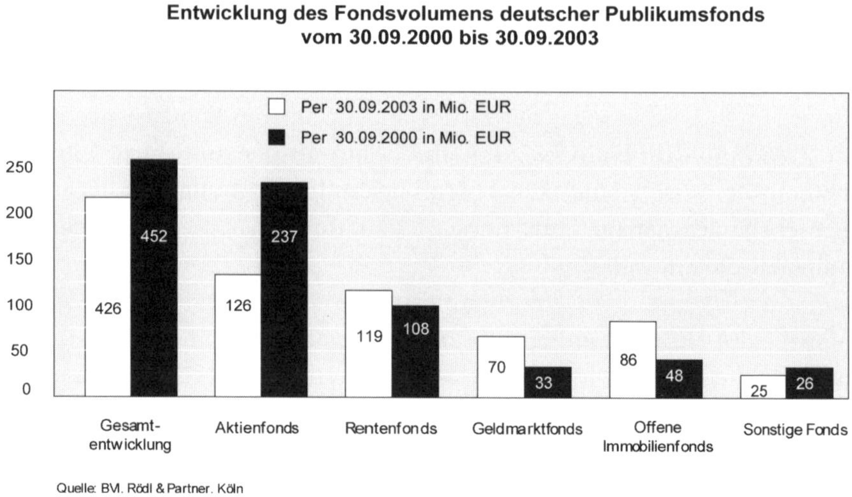

**Entwicklung des Fondsvolumens deutscher Publikumsfonds
vom 30.09.2000 bis 30.09.2003**

Quelle: BVI. Rödl & Partner. Köln

Abb. 1: Entwicklung des Fondsvolumens deutscher Publikumsfonds

Demnach hat sich das Volumen der deutschen Aktienfonds die letzten drei Jahre fast halbiert, während sich das Volumen der Geldmarkt- und Immobilienfonds verdoppelte. Das Anlagevermögen der Rentenfonds ist dagegen nur leicht gestiegen. Die Gesamtentwicklung macht deutlich, dass die Baisse an den internationalen Finanzmärkten nicht zu einem massiven Kapitalabzug führte, sondern lediglich zu einer Umschichtung innerhalb der einzelnen Anlageklassen.

Die stark zunehmende Beliebtheit der Indexanlagen wird, so ist immer häufiger zu lesen, oftmals damit erklärt, dass das Vertrauen in die Kompetenz der Fondsmanager erschüttert ist. Vor allem in Zeiten sinkender Börsenkurse wurde vielen Anlegern klar, dass aktiv verwaltete Investmentfonds zu teuer sind. Zudem sind diese immer häufiger nicht in der Lage, die Benchmark zu übetreffen. Viele Anleger fragen sich, warum sie in Zeiten immer tiefer fallender Kurse und mangelnder Management-Qualitäten derart hohe Gebühren für aktiv gemanagte Fonds bezahlt werden sollen. Warum nicht einfach den Index kaufen – ohne große Kosten und ohne Underperformance gegenüber der Benchmark?

Dies untermauern auch immer wieder Ergebnisse wissenschaftlicher Studien, die besagen, dass über lange Zeiträume nur äußerst wenige Investmentfonds in der Lage sind, den zugrunde liegenden Index zu schlagen. Seit einigen Jahren wächst sogar der Druck auf die aktiven Fondsmanager, auch über Zeiträume von ein oder zwei Jahren gute Zahlen zu liefern. Die Folge: Um auch kurzfristig nicht schlechter als der Index abzuschneiden, gehen immer mehr Fondsmanager auf Nummer sicher und orientieren sich bei ihrer Aktienauswahl am Index.

Vor diesem Hintergrund rücken Indexanlagen immer mehr in den Fokus privater Investoren. Die Idee von Indexanlagen ist, die durchschnittliche Entwicklung eines bestimmten Marktes in einer Zahl zu verdichten und möglichst exakt widerzuspiegeln. Dazu stehen dem Anleger mehrere Instrumente, wie z. B. klassische Indexfonds, Indexzertifikate oder als neueste Entwicklung Exchange Traded Funds, kurz ETFs, zur Verfügung. Unter all diesen Möglichkeiten sind ETFs die kostengünstigste und effektivste Art, einen Index mit einem einzigen Papier zu kaufen.

Ziel dieses Buches ist, dem privaten Anleger einen fundierten Einstieg in das innovativste Finanz- und Börsenthema der letzten Jahre – „Exchange Traded Funds" – zu geben. Wir richten uns dabei vor allem an Investoren, die auf das Thema ETF aufmerksam geworden sind und sich nun einen grundlegenden Überblick verschaffen wollen. Diese Zielgruppe vor Augen haben wir versucht, die aus Anlegersicht wichtigsten Fragen anzusprechen und kompakt und allgemeinverständlich zu beantworten. Es liegt in unserer Absicht, die Chancen der ETF-Anlage, die mit äußerst geringen Kosten und einer völligen Transparenz und Flexibilität verbunden sind, aufzuzeigen.

Da dieses Werk auf dem von uns im März 2003 herausgegebenen und ebenfalls beim FinanzBuch Verlag erschienenen Standardwerk der Indexanlage „Indexing" aufbaut, haben wir ganz bewusst auf grundlegende Einführungskapitel zur Indexanlage sowie zum allgemeinen Börsen- und Finanzanlageverständnis verzichtet. Obwohl dieses innovative Anlageinstrument „ETF" bereits von uns im Indexing-Buch behandelt wurde, hatten wir uns aufgrund der rasanten Entwicklung des ETF-Marktes in den letzten Monaten dazu entschlossen, dieses Thema in aller Ausführlichkeit vorzustellen.

Permanente Berichterstattung über ETF/Indexing in den Finanzmedien, Aufbau eigener ETF-Seiten bei Online-Dienstleistern, eigene ETF-Rubriken in Finanzmagazinen, Veranstaltungen von ETF-/Indexing-Kongressen sowie die permanente Erhöhung des Anlagevolumens in ETFs und die stetig wachsende Anzahl von Anbietern und Produkten sind nur einige wenige Beispiele für die positive Entwicklung der Indexanlage mit Exchange Traded Funds.

Zielgruppe dieses Buches sind demzufolge nicht finanzwirtschaftliche Experten in Banken und Hochschulen, die ihr Fachwissen vertiefen wollen, sondern in erster Linie Privatanleger und institutionelle Investoren, die mit Exchange Traded Funds ihr bestehendes Portfolio optimieren bzw. die Grundlage für ein langfristig ausgerichtetes Basis-Portfolio schaffen möchten.

Neben grundlegenden Informationen zum Thema „Exchange Traded Funds" liefern wir mit den Kapiteln „Wie funktionieren ETFs?", „Rechtliche Aspekte", „Steuerliche Behandlung von ETFs" und „ETF-inside" auch dem mit Exchange Traded Funds bereits vertrauten Anleger einen Informationsmehrwert von hoher Aktualität.

Ein umfassender Serviceteil rundet dieses Werk ab. Hier finden Sie weitere wertvolle Informationen, wie Renditeberechnungstabellen, ETF-Musterportfolios, Kontaktadressen zu ETF-Anbietern, eine ETF-Service-Studie sowie die Auflistung aller derzeit in Deutschland handelbaren ETFs und ein ETF-Glossar.

Exchange Traded Funds – alles, was Sie wissen müssen

Trotz des derzeitigen Desinteresses an Investmentfonds gewinnen Indexinvestments immer mehr an Bedeutung. Vor allem das Investitionsvolumen in Exchange Traded Funds nimmt auch in schwachen Börsenphasen kontinuierlich zu, so dass Indexing bei Privatanlegern immer mehr als Basisinvestment in den Mittelpunkt von Investitionsentscheidungen rückt. Der erste Teil dieses Werkes klärt vor allem Fragen, wie beispielsweise: Was genau steckt hinter dem Begriff „Indexing"? Was ist das Besondere im Vergleich zu herkömmlichen Investmentfonds? Für wen sind eigentlich ETFs geeignet und welche Handelsstrategien lassen sich damit umsetzen? Was sind die Vor- und Nachteile dieser modernen Kapitalanlage?

Warum Indexing?

Zahlreiche Studien haben in der Vergangenheit bewiesen, dass die meisten Fondsmanager es nicht schaffen, dauerhaft den Vergleichsindex in der Rendite zu übertreffen. Zuletzt hat die Robert Beer Vermögensverwaltung herausgefunden, dass beispielsweise 85 Prozent der europäischen Aktienfonds den DJ EuroStoxx 50 PI vom 31.12.1992 bis 31.12.2002 nicht übertreffen konnten. Nicht zuletzt deshalb werden Indexanlagen in Deutschland immer beliebter. Worin liegen die Gründe für diesen Erfolg?

Einer der wichtigsten Gründe liegt darin, dass viele Anleger in den letzten Jahren mit ihren Fondsmanagern sehr unzufrieden waren. Dies äußerte sich hauptsächlich darin, dass die Renditen vieler noch vor einiger Zeit werbetechnisch stark umworbener Fonds vor allem in schwierigen Börsenphasen nicht in der Lage waren, die Benchmark zu erreichen. Um die Leistung eines Investmentfondsmanagers zu messen, wird in der Regel ein Index als Vergleichsmaßstab herangezogen, beispielsweise der DJ EuroStoxx 50 für einen Europafonds. Ziel eines europäischen Fondsmanagers ist es, den DJ Euro-Stoxx 50 outzuperformen, indem er mit seinem Fonds bewusst von der Zusammensetzung des Index abweicht.

Dies geschieht anhand verschiedener Methoden des Aktiven Fondsmanagements. Unter „Aktivem Fondsmanagement" sind in erster Linie folgende Managementstile zu verstehen:

- Fundamentale Analyse;

- Charttechnische Analyse;

- Value- oder Growth-Stil;

- Elliot-Wave-Analyse;

- Behavioral Finance;

- Relative-Stärke-Modelle;

- Markttiming.

Die Zusammensetzung des Fonds wird dabei laufend beobachtet, überprüft und in Abhängigkeit von der jeweiligen Marktsituation bzw. wirtschaftlichen Entwicklung gegebenenfalls abgeändert.

Der Gegenpart der aktiven Anlagemethode ist das **Passive Fondsmanagement**, auch **Indexing** genannt. Grundsätzlich sind unter Indexing Investmentprodukte zu verstehen, die einen Börsenindex möglichst exakt nachbilden, also genau in diejenigen Aktien investieren, aus denen sich ein Index zusammensetzt, und dabei auch die gleiche Gewichtung einhalten.

Der wesentliche Unterschied zu den aktiv gemanagten Fonds besteht darin, dass der Fondsmanager nur stark begrenzten Einfluss auf die Titelauswahl und -gewichtung hat. Es wird demnach ganz bewusst auf die Auswahl erfolgversprechender Werte verzichtet, die unter Umständen vorübergehend ein hohes Gewinnpotenzial aufweisen. Lediglich bei einer Veränderung in der Zusammensetzung eines Indexes sowie möglicher Modifikationen bei seiner Gewichtung greift der Fondsmanager aktiv ein.

Investieren in die Benchmark

Unabhängig von der Situation an den Finanzmärkten sind Indexanlagen immer zu hundert Prozent im Markt investiert. Die Tatsache, sich immer gleichläufig mit dem Markt zu entwickeln, erscheint vielen Investoren unverständlich. Vor allem die Psychologie der Anleger spielt hierbei eine entscheidende Rolle. In fast allen Lebensbereichen gilt das Motto: „Nur harte Arbeit und Fachwissen führen zum Erfolg." Der Indexanlage hingegen liegt eine schwer begreifliche „Nichts-tun-Philosophie" zu Grunde. Der Anleger vermisst den „Kick" bei seiner Anlage, und das tägliche Börsengeschehen verliert seine Reize. Das ist für viele Anleger nicht einfach zu tolerieren und nachzuvollziehen. Auf Sicht eines ein- bis dreijährigen Investitionszeitraumes klingt das noch einleuchtend. Viele Fondsmanager erzielen in kurzen Investitionszeiträumen aufgrund ihrer Aktienauswahl eine bessere Performance als die durchschnittliche Marktentwicklung. Genauso schnell liegen diese Börsenexperten aber auch wieder falsch und wandeln die Outperformance in Underperformance um.

Die zum Teil daraus abgeleitete Schlussfolgerung, dass Anleger in schwachen Börsenphasen Indexfonds meiden und lieber in aktiv gemanagte Fonds investieren sollten, ist grundsätzlich falsch. Dies bestätigt auch eine Erhebung von Rödl & Partner, welche die Kursentwicklung aller seit zehn Jahren bestehenden Europafonds im Zeitraum vom 29.08.2000 bis 29.08.2003 mit der des DJ EuroStoxx 50 PI vergleicht. Die Ergebnisse zeigen deutlich, dass sich in längeren Baissephasen die Quote der Europafonds, die den Index geschlagen haben, von 14 Prozent auf 34 Prozent erhöht hat. 66 Prozent haben es aber trotz Barreserve (Kassenhaltung) und erlaubten Umschichtungen nicht geschafft, den DJ EuroStoxx 50 PI zu übertreffen.

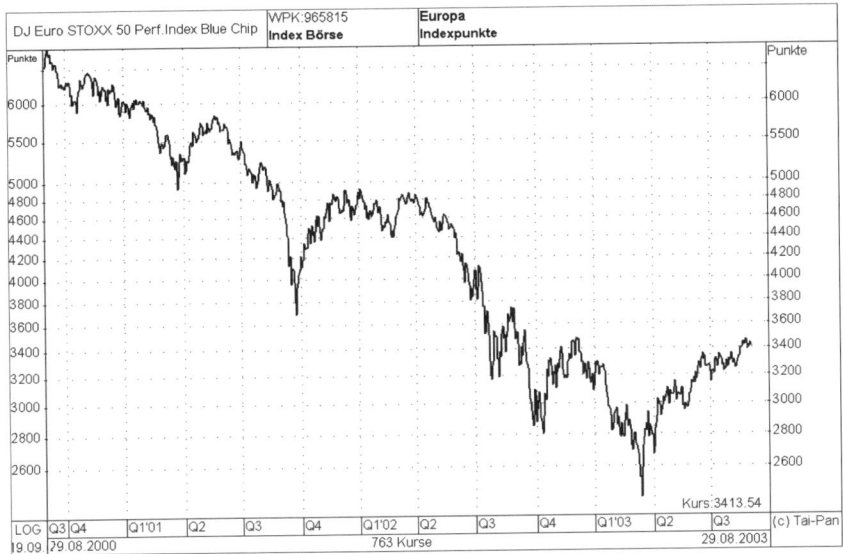

Abb. 2: Drei-Jahres-Entwicklung DJ EuroStoxx 50 PI

Quelle: Tai-Pan

Performancemessung	31.12.92 bis 31.12.02	29.08.00 bis 29.08.03
	10 Jahre	3 Jahre
DJ EuroStoxx 50 PI	+ 190 %	- 46 %
bester Fonds	+ 403 %	- 19 %
schlechtester Fonds	+ 32 %	- 66 %
besser als Index	14 %	34 %
schlechter als Index	86 %	66 %

Abb. 3: Vergleich aktives vs. passives Portfoliomanagement

Quelle: Rödl & Partner, Köln

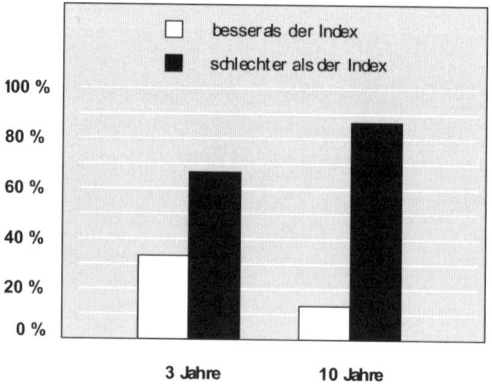

Performancevergleich: Aktive Fonds vs. Index

Drei-Jahres-Vergleich: 29.08.2000 bis 29.08.2003
Zehn-Jahres-Vergleich: 31.12.1992 bis 31.12.2002

Quelle: Rödl & Partner

Abb. 4: Aktive Fonds vs. Index

FTD.de   **24. Mai 2003**

Indexfonds: Investieren in der Königsklasse

[...]

Das Prinzip ist einfach und schnell erklärt: Indexfonds sind Fonds, die einen bestimmten Index wie den DAX 30, den DJ EuroStoxx 50 oder den S&P 500 abbilden. Steigt der Index, steigt gleichermaßen auch der Fonds. Genauso verhält es sich beim Sinken. Weil der Index eins zu eins abgebildet wird, kann auf teure Research-Abteilungen und immense Fondsmanager-Vergütungen verzichtet werden.

Das macht Indexfonds nicht nur billiger, sondern verblüffenderweise auch erfolgreicher: Über einen Zeitraum von fünf Jahren gerechnet, schlagen die passiven Indexfonds nicht weniger als 95 Prozent der aktiv gemanagten Fonds im selben Segment. Billiger und besser – zwei unschlagbare Argumente zu Gunsten von Indexfonds.

Fazit:

Über einen Zeitraum von zehn Jahren nimmt die Aussagekraft der Performance sehr deutlich zu und lässt schon direkte Rückschlüsse auf die Nachhaltigkeit der Qualität des Managements ziehen. Leider gelingt es innerhalb solcher Zeiträume lediglich drei bis fünf Prozent aller Fondsmanager, den ihrer Anlage zugrunde liegenden Index zu übertreffen. Im Umkehrschluss gilt, dass Indexing in rund 95 Prozent aller Fälle eine deutlich höhere Performance erzielt als aktiv gemanagten Fonds. Das anfängliche Gefühl der Hilflosigkeit, sich der Abhängigkeit des Marktes auszusetzen, wird, je länger der Investitionszeitraum dauert, in ein Gefühl der Sicherheit und Outperformance gegenüber anderen Fonds umgewandelt.

Wie schwierig es für die Fondsbranche ist, innerhalb langfristiger Investitionszeiträume Aktienindizes in ihrer jährlichen Durchschnittsrendite permanent zu übertreffen, zeigt die Europastudie „Performancevergleich".

EUROPASTUDIE „PERFORMANCEVERGLEICH"

Die Rangliste zeigt die Performance einzelner Europafonds, die länger als zehn Jahre am Markt notieren. Diese Untersuchung liefert recht deutliche Resultate. Mit Hilfe der Tabelle können Sie sehr schön die Unterschiede einzelner Fonds und damit auch das entsprechenden Management und das dahinter stehende Anlagekonzept erkennen. Der Unterschied zwischen dem besten Fonds mit 423 Prozent und dem schlechtesten mit 49 Prozent ist beträchtlich.

	WKN	Performance in % 31.12.92-30.12.03		WKN	Performance in % 31.12.92-30.12.03
Fidelity European Growth	973270	423,3	DIT Vermögens Aufbau Fonds	847950	119,6
Threadneedle Euro Select Growth	987663	348,0	Invesco GT Pan European	973788	119,2
Gartmore CSF Cont. Europe	974433	313,0	DIT Industria	847502	119,1
Henderson HFCont. Europe	989226	268,9	DEKA Köln Aktienfonds	848067	118,3
HSBC GIF Euroland Eq Opp A	987890	265,6	Julius Baer Europe Stock A	971983	116,4
Threadneedle European Growth	987661	239,2	EuroStock A	989666	116,3
Newton Cont. European	930431	235,2	Parvest Europe C	972535	115,2
Comgest Europa	972343	219,1	Parvest Europe D	972534	115,0
SICAV European Value	973398	213,0	DWS Eurovesta	849084	113,7
EuroStoxx50 PI	965815	208,7	Spängler European Growth Trust	973098	106,8
MEAG EuroKapital	975746	189,6	Credit Suisse Aktien Zukunft	847799	104,3
AXA WF II Contineental Eur A	971795	184,9	Berliner Bankg. Europa Invest	847924	104,1
M&G European Blue Chip	798472	168,4	Frankfurt Trust Europa Dynamik	847818	101,9
JP Morgan Fleming European Equity	971605	168,2	Invesco Europa Core	847033	100,5
2	971642	162,7	SEB Invest Europafonds	847438	99,0
JP Morgan Fleming Euroland Equity A	971604	159,0	Union UniEuropa	972121	97,5
Templeton European A	971659	158,8	Societe Generale Lux Eq Europe AC	986943	96,3
M&G European Euro A	798470	156,6	Credit Suisse EF(Lux) Euro Blue C	974272	93,9
Credit Lyonnais Fortune European Eq	791969	153,6	Carlson Cont. Europe	986061	93,6
State Street Europe	974471	152,3	AIG Eq Fund Europe	971313	91,5
Baring European Growth	972848	148,7	Swiss Life IRL Eq Europe	988230	91,3
Lazard Pan European	986153	148,5	Baring IUF Europe	972868	89,4
EuroStoxx50 KI	965814	146,6	Vontobel Fd European	972049	88,6
Nordea 1 European Value	973347	146,6	Activest Lux TopEuropa	971346	88,0
GAM Star Europa	988538	145,7	Adig Fondiropa	847120	86,5
Robeco Europe	971651	141,7	Pictet T.F. European	694213	85,5
Von Ernst GP	971587	141,4	Sarasin EuropeSar SICAV	973500	83,5
DEKA Eufinvest Cap	971622	141,4	Hauck Main I Universal	849134	78,6
INVESCO GT Con Europe A	986660	138,7	Metzler Aktien Europa	975222	76,1
Swissca Europe	971315	133,9	Vontobel European Eq A1	972718	68,4
CA Fds Eurostock Classik C	972096	131,2	Oppenheim Select Europa	848623	67,4
AriDeka	847451	129,5	MK Euroaktiv	848802	59,0
AXA WF Euro Equities	988173	128,0	DWS Europa	976131	49,0
Dexia Eq L Europe C	989646	126,8			
HNW Performa European	971669	125,6	Durchschnitt aller Fonds		145,3
Julius Baer Europe Stock B	971984	121,0			

Abb. 5: Performancevergleich

Indexing Asset Management GmbH

Wenn der DJ EuroStoxx 50 als Benchmark für alle aufgeführten Europafonds herangezogen wird, lässt sich die Leistung des jeweiligen Fondsmanagements relativ objektiv beurteilen. Die Tabelle zeigt eindeutig, dass es über einen nicht einmal so langen Zeitraum von zehn Jahren gerade elf Europafonds gab, die den DJ EuroStoxx 50 in ihrer Performance übertreffen konnten.

Sehr interessant ist der Vergleich der Performancezahlen: Während der beste Fonds in den letzten zehn Jahren eine Performance von 423 Prozent erzielen konnte, brachte es der schlechteste Fonds gerade einmal auf 49 Prozent Rendite. Der DJ EuroStoxx 50 Performanceindex brachte es auf 209 Prozent. Der Durchschnitt der untersuchten Europafonds lag bei einer Performance von 145 Prozent.

Es ist schon erstaunlich, wie deutlich die negative Abweichung der meisten Fonds von der eigentlichen Performance des zugrunde liegenden Index ist. Das bestätigt die in vielen Studien aufgestellte These, dass langfristig der Index nur von ganz wenigen Fonds geschlagen wird. Je größer der Untersuchungszeitraum, desto weniger Fonds schaffen es, die Benchmark zu schlagen.

Selbstverständlich kann es sein, dass bei einzelnen Fonds im Laufe der Zeit der Anlagestil gewechselt wird, der Fondsmanager ausgetauscht oder sonstige Veränderungen hinsichtlich der Anlagephilosophie vorgenommen werden. Um entsprechende Veränderungen festzustellen, müssen einzelne Segmente von jeweils ein bis drei Jahren dieses zehnjährigen Zeitraums untersucht werden.

Wesentliche Erkenntnisse:

- Die Untersuchungsergebnisse zeigen, dass die Performance vieler aktiv gemanagter Fonds der renommiertesten Gesellschaften sehr deutlich hinter dem Vergleichsindex liegen. In einer Zeitspanne von zehn Jahren erreichten beispielsweise mehr als ein Drittel aller untersuchten Europafonds nicht einmal die Hälfte der Rendite des DJ EuroStoxx 50-Index.

- Nachdem hier alle namhaften Fondsgesellschaften vertreten sind, kann davon ausgegangen werden, dass alle erdenklichen Erkenntnisse der fundamentalen und der technischen Analyse bzw. des aktiven Managements zum Einsatz gekommen sind. Es stecken also das umfassende und sehr teure Know-how und die Managementleistung der gesamten Fondsindustrie dahinter. Angesicht der großteils bescheidenen Ergebnisse stellt sich die Frage: Wurden die Möglichkeiten des aktiven Fondsmanagements nicht richtig eingesetzt, oder ist es einfach dauerhaft für die meisten Marktteilnehmer nicht möglich, den Index zu schlagen?

- Die starke Positionierung des Index in diesem Ranking zeigt eindeutig die langfristige Stärke der Indexanlage. Dies ist insbesondere deshalb bemerkenswert, da in diesem zehnjährigen Zeitraum zuletzt drei extreme Baisse-Jahre zu berücksichtigen sind. In den Jahren kräftiger Kursverluste war die Indexanlage immer zu 100 Prozent investiert und hatte keine Möglichkeit zum Gegensteuern. Die Fonds haben durchaus die Möglichkeit, bis zu 50 Prozent Liquidität zu halten und theoretisch die Hälfte der Verluste in solchen Abwärtsbewegungen zu vermeiden.

- Trotz dieser äußerst schwierigen Jahre liegt der Index in der Rangliste hervorragend. Wenn einige Fonds über einen Zeitraum von zehn Jahren darüber liegen, darf von einem sehr guten Fondsmanagement ausgegangen werden. Die Fonds, die etwas unter dem Index liegen, dürfen als normal bezeichnet werden – wenngleich ein solches Resultat für den Anleger nicht befriedigend sein kann und darf. Bei denjenigen Fonds, die über einen Zeitraum von zehn Jahren mehr oder weniger deutlich hinter der Performance des Index liegen, muss kritisch hinterfragt werden, was hier nicht in Ordnung ist. Eine Investition empfiehlt sich hier zunächst nicht. Natürlich könnte es sein, dass das Fondsmanagement aus der falschen Anlagephilosophie oder anderweitigen Fehlern in der Anlagepolitik der Vergangenheit gelernt und einen Managementwechsel vorgenommen hat. Um das zu erkennen, müssen kürzere Zeiträume der jüngeren Vergangenheit untersucht werden. Es kann durchaus sein, dass sich der eine oder andere Fonds zum Positiven wendet. Bestätigen kann er die eventuell neu gewonnene Qualität aber auch erst durch gute Ergebnisse über einen Zeitraum von fünf bis zehn Jahren.

- **Es ist eindeutig festzustellen:** Je länger der Investitionszeitraum gewählt wird, desto deutlich weniger Fonds liegen vor dem Vergleichsindex. Das heißt, der Index selbst arbeitet sich Jahr für Jahr „unaufhaltsam" in der fortlaufenden Performance-Hitliste nach oben. Zeitweilig gebremst oder bisweilen auch einmal leicht zurückgeworfen wird der Index lediglich in harten Baisse-Jahren. Meist folgt aber dann eine umso kräftigere Aufwärtsbewegung.

GRUNDSÄTZLICHE VORTEILE DES INDEXING

- **Kostenreduktion:** Durch seine Eigenschaft als passiv gemanagter Fonds entfallen die Kosten für aufwändige Markt-, Research- und

Unternehmensstudien sowie die Transaktionskosten bei ständigen Umschichtungen.

- **Ertragschancen:** Durch den bereits oben aufgeführten Kostenblock gelingt es nur wenigen aktiv gemanagten Investmentfonds, den Index nachhaltig zu schlagen – langfristig betrachtet gelingt dies lediglich knapp fünf Prozent. Bei der Investition in Indexfonds sollten Sie demzufolge einen langen Anlagezeitraum in Betracht ziehen. Je länger Ihr Anlagehorizont ist, desto höher ist die Wahrscheinlichkeit, mehr als 95 Prozent aller aktiv gemanagten Fonds in der Rendite zu übertreffen.

- **Transparenz:** Durch die Präsenz der entsprechenden Indizes in den Medien ist die Wertentwicklung eines Indexfonds noch transparenter, als dies bei einem herkömmlichen Fonds der Fall ist.

- **Risikostreuung:** Die Risikostreuung wird maximiert, indem das Fondsvolumen in Werte investiert wird, die eine zueinander gegenläufige bzw. zumindest unabhängig korrelierte Wertentwicklung aufweisen. In der Praxis bedeutet dies unter dem Risikoaspekt, eine möglichst große Streuung über Branchen und Regionen hinweg herbeizuführen.

- **Anlegerschutz:** Den Schutz des Anlegers gewährleistet die Kontrolle der Kapitalanlagegesellschaften durch die Bundesanstalt für Finanzdienstleistungsaufsicht (BAFin) in Frankfurt (Wertpapieraufsicht/Asset-Management) in Verbindung mit dem Gesetz über Kapitalanlagegesellschaften (KAGG).

- **Zulassung als Anlageform im Rahmen der Vermögenswirksamen Leistungen:** Sofern die individuellen Voraussetzungen zutreffen (Einkommensgrenzen), können Indexnahe Fonds als Anlageform im Rahmen der Vermögenswirksamen Leistungen gefördert werden, sofern ein Fonds ausgewählt wird, der zu mindestens 60 Prozent in Aktien investiert ist. Tatsächlich bieten die Fondsgesellschaften ihre Indexnahen Fonds am Markt derzeit noch nicht im Rahmen der Vermögenswirksamen Leistungen an.

Die Qual der Produktwahl

Die Finanzbranche beschränkt sich aber nicht nur auf die grundsätzlichen Vorteile des Indexing, sondern entwickelt immer innovativere Indexprodukte, mit denen sich der Anleger an der Entwicklung des Index erfolgreich und kostengünstig beteiligen kann. Für Investoren lohnt ein genauer Blick auf die unterschiedlichen Handels- und Verwendungsmöglichkeiten sowie die Gebühren.

Neben den klassischen Indexprodukten, wie beispielsweise Indexzertifikate oder Indexnahe Fonds, werden dem Anleger auch spezielle Indexanlagen, wie zum Beispiel Enhanced Index Funds, angeboten. Nachfolgend geben wir Ihnen einen groben Einblick in die Welt der passiven Anlageinstrumente und stellen dabei die Königsklasse des Indexing, die Exchange Traded Funds, als neueste Entwicklung unter ihnen in den Mittelpunkt dieses Buches.

INDEXING MIT INDEXNAHEN FONDS

Indexnahe Fonds sind darauf ausgerichtet, das Wertpapier-Portfolio des gewählten Index nach Art und Gewichtung der unterschiedlich darin enthaltenen Werte so gut wie möglich nachzubilden. Das bedeutet, dass die Investmentgesellschaft keine aktive Anlagestrategie zu entwickeln hat. Die einzige Vorgabe für den Fondsmanager lautet, genau die Aktien zu kaufen, die auch entsprechend im Index vertreten sind.

Dennoch ist eine exakte Abbildung des Index im Verhältnis 1:1 oft nicht gegeben. Deshalb werden diese Fonds auch Indexnahe Fonds genannt. Ein Grund, warum das so ist, ist beispielsweise das Fehlen rechtlicher Vorschriften die festlegen, wie viele Werte gekauft werden müssen. Fondsmanager lassen deshalb häufig Werte, die eine sehr niedrige Gewichtung aufweisen, außen vor. Beim DJ EuroStoxx 50 kann dies zum Beispiel die Bayerische HypoVereinsbank AG (0,41 %) oder Alcatel (0,45 %) betreffen. Durch die Nichtbeachtung dieser Werte erhöht der Fondsmanager die Gewichtung anderer Werte. Dies hat zur Folge, dass er sich mit seiner Performance entweder über oder unter dem Index bewegt, aber niemals exakt den Index abbilden wird. Da er alle Werte einzeln kaufen muss, erreicht er mit weniger Werten auch eine bessere Handhabung. Durch den Wegfall von beispielsweise fünf Werten steigert er seine Flexibilität. Deutsche Fondsmanager müssen bei der Auswahl ihrer Werte zudem das Kapitalanlagegesetz beachten. Beispielsweise beschränkt eine in diesem Gesetz enthaltene Vorschrift die maximal zulässige Investitionsquote eines Titels auf zehn Prozent des Fondsvermögens. Da es immer wieder vorkommt, dass in der Praxis einige Werte höher gewichtet sind, stößt diese Gesetzesnorm häufig auf Probleme. Eine exakte Abbildung des Index mit einem Indexnahen Fonds ist daher nicht immer gegeben. Behelfsmäßig werden stattdessen Aktien in das Portfolio genommen, die entweder eine gleichartige Entwicklung mit dem Index erwarten lassen oder bei denen eine ähnliche Entwicklung wie die des zu ersetzenden Wertpapiers vermutet werden kann.

Die Transaktionskosten von Indexnahen Fonds sind im Vergleich zu aktiv gemanagten Fonds sehr gering, da das Fondsvermögen faktisch nicht umzuschichten ist. Lediglich bei Indexveränderungen, wenn ein Unternehmen neu in den Index aufgenommen wird und entsprechend ein Unternehmen ihn verlassen muss, wird der Fondsmanager tätig.

Für die Fondsgesellschaften sind Indexnahe Fonds somit mit einem niedrigeren Kostenaufwand verbunden. An die Anleger werden diese Vorteile aber nicht immer in vollem Umfang weitergereicht. Für Indexnahe Fonds zahlen Sie in Europa nahezu einen gleich hohen Ausgabeaufschlag wie bei den aktiv gemanagten Fonds. Dieser beträgt teilweise bis zu fünf Prozent. Durch den Wegfall von zeitaufwändiger und kostenintensiver Research-Arbeit liegen die jährlichen Managementgebühren in der Regel mit durchschnittlich 0,9 Prozent niedriger.

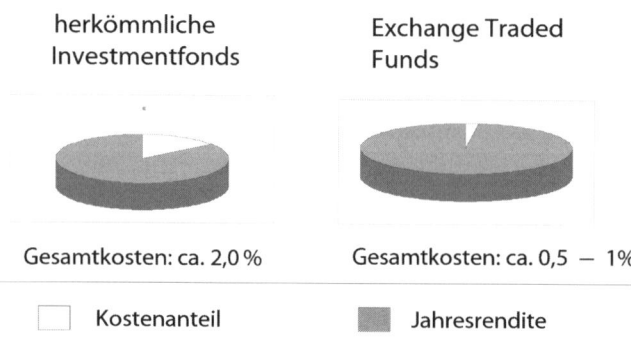

herkömmliche
Investmentfonds

Exchange Traded
Funds

Gesamtkosten: ca. 2,0 %

Gesamtkosten: ca. 0,5 — 1%

☐ Kostenanteil

▨ Jahresrendite

Abb. 6: Kosten Indexnaher Fonds

Quelle: Rödl & Partner, Köln

Die günstigsten Indexnahen Fonds haben Ausgaben in der Höhe von etwa 0,5 Prozent jährlich. Im Gegensatz dazu hat ein aktiv verwalteter Investmentfonds durchschnittlich Kosten in Höhe von etwa zwei Prozent pro Jahr. Das heißt, dass Indexfonds einen Ertragsvorteil von etwa 1,5 Prozentpunkten gegenüber aktiv verwalteten Fonds haben – und das allein aufgrund des Kostenvorteils.

Eine ständig aktualisierte Übersicht über sämtliche in Deutschland gehandelten Indexnahen Fonds können Sie unter der E-Mail-Adresse info@etf-inside.de jederzeit und kostenlos anfordern.

INDEXING MIT INDEXZERTIFIKATEN

Ein Zertifikat ist eine so genannte Inhaberschuldverschreibung, also eine Anleihe. Anleihen verbriefen in der Regel Forderungen, was bedeutet, dass sich der Emittent einer Anleihe (z. B. Banken) vom Käufer einer Anleihe Geld leiht, wofür er in regelmäßigen Abständen Zinsen entrichtet. Steigen die Zinsen, so fallen die Kurse der Anleihen, sinken die Zinsen hingegen, steigen ihre Kurse.

Allerdings gibt es auch Anleihen, die keine Zinsen zahlen und sich in ihrer Wertentwicklung nach anderen Faktoren richten, z. B. nach einem Index wie dem DAX 30. Zu dieser Gruppe gehören die „Indexzertifikate". Indexzertifikate gibt es auf die meisten großen und bedeutenden Indizes. Mit dem Kauf von Indexzertifikaten können Sie an der Wertentwicklung eines gesamten Marktes teilhaben. Da sich der Preis eines Zertifikates nicht nach Angebot und Nachfrage richtet, sondern fortwährend vom Emittenten errechnet wird, verpflichtet sich dieser, zu den festgestellten Kursen die ausgegebenen Zertifikate zu kaufen und zu verkaufen. Die Zusammensetzung eines Indexzertifikates steht von Beginn an fest.

Das Steigen und Fallen eines Aktienindex wird vom zugrunde gelegten Indexzertifikat in einem bestimmten Bezugsverhältnis nachvollzogen. Das Bezugsverhältnis drückt aus, wie viele Zertifikate zu erwerben sind, um einen Aktienindex abzubilden. Das Bezugsverhältnis beträgt in der Regel 100:1. Beispielsweise beträgt bei einem DAX-Stand von 3.500 Punkten der Preis eines DAX-Zertifikates angesichts des Bezugsverhältnisses von 100:1 35,00 Euro. Dies entspricht genau einem Hundertstel des Index-Standes. Steigt der DAX, wird sich der Wert des Zertifikates entsprechend mitentwickeln (wieder im Verhältnis 100:1). Die Rückzahlung der Zertifikate am Fälligkeitszeitpunkt erfolgt in der Regel zu 100 Prozent der Indexnotierung.

Bei Indexzertifikaten wird in der Regel weder ein Ausgabeaufschlag noch eine laufende Verwaltungsgebühr erhoben. Die Emittenten verdienen am so genannten „Spread", der Differenz zwischen An- und Verkaufskurs. Das ist in der Regel bis zu ein Prozent der Investitionssumme. Viele Zertifikate-Anbieter versuchen ihre Produkte anzupreisen, indem sie darauf hinweisen, dass ihre Produkte ohne Spread angeboten werden. Aber so erfreulich die Einheitspreis-Strategie auch sein mag, dahinter verbirgt sich zu einem Großteil Augenwischerei. Denn allein der Umstand, dass es keine Abweichung zwischen An- und Verkaufspreis gibt, sagt nichts darüber aus, ob der Preis auch tatsächlich fair berechnet wurde. In der Praxis zeigt sich häufig, dass bei Anbietern mit Spread trotzdem günstiger eingekauft werden kann als bei Null-Spread-Emittenten.

Neben Gebührenstruktur und Spread sollten Sie darauf achten, ob es sich um ein Kursindex- oder um ein Performanceindex-Zertifikat handelt. Beim Kursindex-Zertifikat vereinnahmen die ausgeschütteten Dividenden die Emittenten selbst. Dies ist ein risikoloser Gewinn für die Emittenten, der Ihnen aber in Ihrer Performance fehlt. In den vergangenen fünf Jahren konnte der DJ EuroStoxx 50-Performanceindex gegenüber dem Kursindex im Schnitt einen Vorsprung von etwa drei Prozent jährlich aufweisen. Bei Performanceindex-Zertifikaten werden die jährlich anfallenden Dividenden steuerfrei wieder in die entsprechenden Aktien reinvestiert. Das bedeutet für Sie einen beachtlichen Mehrertrag pro Jahr. Beim DJ EuroStoxx 50 sind dies etwa zwei Prozent Dividendenrendite p. a. Achten Sie deshalb darauf, dass Sie in ein Performance-Zertifikat und nicht in ein Kurszertifikat investieren. Weiterhin sollten Sie darauf achten, dass Sie in ein „Open end"-Zertifikat investieren. „Open end"-Zertifikate sind Endlos-Zertifikate und haben keine Laufzeitbeschränkung. Bei Zertifikaten mit Laufzeitbeschränkung ist Ihr Anlagehorizont vom Emittenten vorgegeben.

Weitere Informationen zu Indexzertifikaten sowie eine permanent aktualisierte Übersicht über inzwischen rund 500 in Deutschland gehandelte Indexzertifikate können Sie unter der E-Mail-Adresse info@etf-inside.de jederzeit kostenlos anfordern.

INDEXING MIT ENHANCED INDEX FUNDS

Neben den klassischen Instrumenten gibt es auch Spezialitäten im Indexanlage-Bereich. Dazu zählen beispielsweise die Enhanced Index Funds. Unter Enhanced Index Funds sind „Verbesserte Indexfonds" zu verstehen. Sie sind eine Mischform aus dem ursprünglichen Indexfonds (Indexnahen Fonds) und dem klassischen Investmentfonds, dem aktiv gemanagten Fonds.

Grundlegende Aufgabe des Indexing ist es, den Vergleichsindex (Benchmark) möglichst 1:1 abzubilden. Unter Einbeziehung des Faktors „Tracking Error" und des „Risikos signifikanter Underperformance" versucht der „Verbesserte Indexfonds", den zugrunde liegenden Index kontinuierlich um ein paar Prozentpunkte in der jährlichen Rendite zu übertreffen.

Was genau steckt hinter dieser Indexing-Spezialität?

Aktive Investmentfondsmanager versuchen, den Index mit allen erdenklichen Methoden der fundamentalen und technischen Analyse zu übertreffen. Das reine Indexing bildet dagegen den Index 1:1 ab. Beim „Verbesserten Indexing" (Enhanced Indexing) müssen Techniken des aktiven Managements angewandt werden. Bei Abweichungen vom Index müssen diese Techniken zudem gewährleisten, das Risiko zu kontrollieren und zu quantifizieren.

Entsprechend kann die Vorgehensweise bei Enhanced-Indexing mit „Risikokontrolliertem Aktiven Management" umschrieben werden. Die Kunst des Managements „Verbesserter Indexierung" mit Enhanced Index Funds liegt darin, durch die Anwendung eines kontrollierten Tracking Error zu besseren Ergebnissen zu kommen, als die ursprüngliche Indexierung einerseits oder das aktive Fondsmanagement andererseits hergibt.

Abb. 7: Strategien Enhanced Indexing
Quelle: Rödl & Partner, Köln

Um dieses hohe Ziel zu erreichen, arbeiten die Fondsmanager von Enhanced Index Funds mit verschiedenen Strategien, wie zum Beispiel auf Aktien basierte Strategien oder synthetische Strategien.

Enhanced Index Funds, die mittels Aktien basierter Strategien gemanagt werden, funktionieren wie folgt: Gemeinsam mit traditionellem aktiven Management müssen Aktien im Index aufgespürt werden, welche die Erwartungen übertreffen oder nicht erfüllen (outperformen oder underperformen). Es ist auch eine Risikokontrolle erforderlich, die den prozentualen Anteil von Einzelaktien sowie die Branchen/Sektorkonzentration beschränkt. Hierzu zählen beispielsweise Tilts, auf die Zusammensetzung des Depots gestützte Strategien sowie quantitative, fundamentale oder technische Strategien.

Enhanced Index Funds, die mittels synthetischer Strategien gemanagt werden, wählen nicht Aktien aus dem zugrunde liegenden Index aus, sondern spiegeln alle Aktien im Index durch Derivate, wie zum Beispiel Futures, Optionen oder Indexswaps, wider. Unter der Anwendung synthetischer Strategien sind Arbitrage-bezogene Strategien, Indexfutures mit verbessertem Cash-Management sowie Volatilitäts-gestützte Strategien zu verstehen.

INDEXING MIT EXCHANGE TRADED FUNDS

Der Begriff „Exchange Traded Funds", kurz ETF, wird mit „an der Börse gehandelter Fonds" übersetzt. Dies impliziert bereits, dass es sich hierbei im Gegensatz zu „normalen" Aktienfonds um eine Art von Fonds handelt, die wie börsennotierte Aktien einfach und effizient während der gesamten Börsenöffnungszeit handelbar sind. Dabei gibt es zwei Arten: passiv gemanagte ETFs und aktiv gemanagte ETFs. Die passiven ETFs werden als klassische Indexfonds bezeichnet, das heißt, sie sind objektiv und frei von Fehlentscheidungen, denn in diesem Fall übernimmt der Markt die Funktion des Fondsmanagers. Die aktiv gemanagten ETFs genießen zwar die gleichen Vorteile wie die passiven, jedoch versuchen die Fondsmanager mit einem Anteil individueller Gestaltungsfreiheit bei der Aktienauswahl, den Index zu übertreffen.

Kauf- und Verkaufskurse der ETFs beim Börsenhandel sind unterschiedlich. Denn um den fortlaufenden Handel zu ermöglichen, greifen die ETF-Anbieter auf Designated Sponsors zurück. Dabei handelt es sich in der Regel um Großbanken, die auf Basis des tatsächlichen Wertes eines Fondsanteils (Nettoinventarwert) verbindliche Kauf- und Verkaufskurse stellen. Der Gewinn der Designated Sponsors liegt im so genannten Spread, der Differenz zwischen dem aktuell besten Kauf- und Verkaufskurs. Die Höhe des Spread wird durch Angebot und Nachfrage im Handel mit dem jeweiligen ETF bestimmt. Vor diesem Hintergrund ist der Spread etwa beim DJ EuroStoxx 50 geringer als bei Branchenindizes. **Für Sie als Anleger gilt: Je geringer der Spread, desto niedriger sind die Kosten.**

Mit Hilfe des ständig durch die Börse berechneten indikativen Nettoinventarwerts (iNAV) der ETFs können Sie selbst sehen, wie weit der vom Designated Sponsor gestellte Kurs vom Nettoinventarwert abweicht. Hat ein ETF einen Spread von beispielsweise 0,1 Prozent, dann liegen der Kauf- und Verkaufskurs um je 0,05 Prozent über beziehungsweise unter dem Nettoinventarwert.

Die ETF-Anbieter legen vorab einen maximalen Spread fest, der im Handel aber deutlich geringer ist. Den maximalen und aktuellen Spread können Sie beispielsweise unter www.xtf.de jederzeit einsehen. So können Sie die Preise verschiedener ETFs auf denselben Index vergleichen.

Bei der Anlage mit Exchange Traded Funds wird normalerweise im Verhältnis 1/10 oder 1/100 in einen bestimmten Index, wie z. B. den DJ Euro-Stoxx 50, investiert. Der Kurspreis des ETFs, der den DJ EuroStoxx 50 abbilden soll, beträgt dann abzüglich der äußert geringen Verwaltungsgebühren beinahe exakt 1/100 des Indexwertes in Euro. Wie auch bei Aktien können die Kauf- oder Verkaufsorders über die Haus- oder Direktbank unter Angabe von Wertpapierkennnummer (ISIN), Stückzahl und möglichen Limits abgegeben werden.

Exchange Traded Funds vs. Alternatives Indexing

Warum Exchange Traded Funds die Königsklasse des Indexing darstellen, zeigen nachfolgende direkte Vergleiche mit den zentralen Merkmalen der Alternativen Indexanlagen, wie beispielsweise Indexnahe Fonds, Indexzertifikate sowie Enhanced Index Funds.

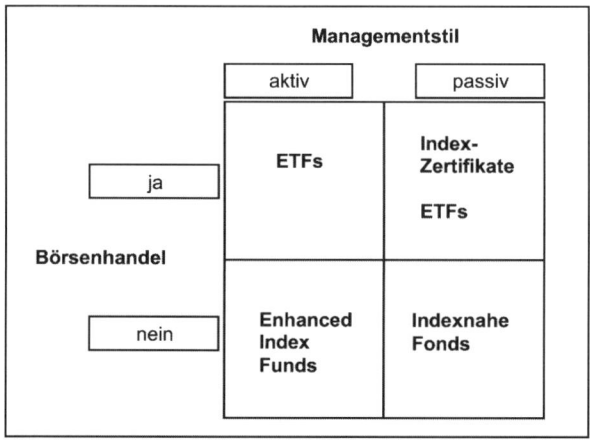

Abb. 8: ETFs vs. Alternatives Indexing

Quelle: Rödl & Partner, Köln

Exchange Traded Funds vs. Indexnahe Fonds

Kriterien	ETF Passiv	Indexnahe Fonds
Abbildungsgenauigkeit	bilden einen Index am genauesten 1:1 ab, abzüglich Kosten	bilden einen Index nicht genau 1:1 ab
Finanzinstrument	Börsennotierter Investmentfonds	Offener Investmentfonds
Sicherheit	Sondervermögen	Sondervermögen
Risiko	kein Risiko	kein Risiko
Insolvenz	fließt nicht in die Konkursmasse mit ein	fließt nicht in die Konkursmasse mit ein
Handel	fortlaufend während der Handelszeiten	einmal am Tag über KAG
Marktverfügbarkeit	international	international
Börsenliquidität	sehr hoch	kein börslicher Handel
Laufzeit	unbegrenzt	unbegrenzt
Dividendenausschüttung	volle Dividendenzahlungen abzgl. Management-Fee	volle Dividendenzahlungen, falls ausschüttend, meist jährliche Zahlung oder thesauriert
Kaufgebühr	ca. 1%	ca. 2 bis 5%
Geld / Brief- Spanne	0,05 bis 0,5%	keine
laufende Gebühr	0,25 bis 0,5%	0,5 bis 20%
Veröffentlichung von Portfolio-Beständen	börsentäglich	halbjährlich
Long-/Short-Positionen	long oder short	nur long
Anbieter	Investmentgesellschaft	Investmentgesellschaft
Angebot zum 23.09.2003	55	etwa 180

Abb. 9: ETFs vs. Indexnahe Fonds

Quelle: Rödl & Partner, Köln

Exchange Traded Funds vs. Indexzertifikate

Es stehen Ihnen für die Indexstrategie zwei unterschiedliche Anlagetypen zur Verfügung: zum einen ETFs, zum anderen Indexzertifikate, deren Emittenten den jeweiligen Index in der Regel synthetisch nachbilden, ohne tatsächlich in Aktien zu investieren. Das Ergebnis ist in beiden Fällen annähernd identisch und führt in der Regel dazu, dass der Preis des jeweiligen Indexproduktes ziemlich genau dem aktuellen Indexstand entspricht.

Zertifikate haben gegenüber ETFs vor allem den Nachteil, dass sich der Anleger mit den individuellen Vertragsbedingungen eines Zertifikats auseinander setzen muss. So sollten Sie zum Beispiel unbedingt die Regelungen für ein vorzeitiges Kündigen durch den Emittenten beachten. Während es sich bei ETFs um geschütztes Sondervermögen handelt, sind Zertifikate Inhaberschuldverschreibungen des jeweiligen Emittenten. Im Falle einer Insolvenz fließt der Anlagebetrag eines ETFs nicht in die Konkursmasse mit ein, anders als beim Indexzertifikat, wo ein Totalverlust droht. Weiterhin ist der „Spread", also die Differenz zwischen An- und Verkaufskurs, bei Indexzertifikaten oftmals größer. Da kein tatsächlicher Aktienbesitz zugrunde liegt, besteht auch kein Anspruch auf mögliche Dividenden. Das heißt, Dividenden, die dem ETF automatisch zufließen, können beim Zertifikat verloren gehen, falls der jeweilige Index diese nicht miteinberechnet.

Folgende Übersicht verdeutlicht die wichtigsten Unterschiede zwischen Exchange Traded Funds und Indexzertifikaten.

Kriterien	ETF Passiv	Indexzertifikate
Abbildungsgenauigkeit	bilden einen Index am genauesten 1:1 ab, abzüglich Kosten	bilden einen Index 1:1 ab, abzüglich Kosten
Finanzinstrument	börsennotierter Investmentfonds	Schuldverschreibung
Sicherheit	Sondervermögen	Inhaberschuldverschreibung
Risiko	kein Risiko	Totalverlust droht
Insolvenz	fließt nicht in die Konkursmasse mit ein	Bedienung aus Konkursmasse
Handel	fortlaufend während der Handelszeiten	fortlaufend während der Handelszeiten
Marktverfügbarkeit	international	nur in Deutschland
Börsenliquidität	sehr hoch	teilweise begrenzt
Laufzeit	unbegrenzt	begrenzte Laufzeit bzw. open -end
Dividendenausschüttung	volle Dividendenzahlungen	nur bei Performanceindex
Kaufgebühr	ca 1%	ca. 1%
Geld / Brief- Spanne	0,05 bis 0,5%	0,2 bis 1%
laufende Gebühr	0,25 bis 0,5%	i.d.R. keine
Veröffentlichug von Portfolio-Beständen	börsentäglich	börsentäglich
Long-/Short-Positionen	long oder short	nur long
Anbieter	Investmentgesellschaft	Banken
Angebot zum 23.09.2003	55	> 500

Abb. 10: ETFs vs. Indexzertifikate

Quelle: Rödl & Partner, Köln

Exchange Traded Funds vs. Enhanced Index Funds

Unter Enhanced Index Funds versteht man die neueste Entwicklung unter den Indexanlagen, nämlich eine Mischform zwischen reinen Indexfonds und aktiv gemanagten Fonds.

Die wesentliche Aufgabe der Indexierung ist es, den Vergleichsindex widerzuspiegeln. Unter Einbeziehung des Faktors „Tracking Error" und des „Risikos signifikanter Underperformance" versuchen Enhanced Index Funds, den Vergleichsindex ständig um ein paar Prozentpunkte zu übertreffen.

Die Chance, die Benchmark zu übertreffen, ist dann gegeben, wenn Teile des aktiven Managements in das passive Management mit einbezogen werden. Entscheidendes Kriterium ist die Risikokontrolle. Denn bei Abweichungen vom Index müssen die aktiven Techniken gewährleisten, dass das Risiko kontrolliert werden kann. Hierfür stehen mehrere Verfahren zur Verfügung, die an dieser Stelle nicht näher erläutert werden.

Wichtig ist nur zu verstehen, dass bei Enhanced Index Funds bewusst vom Indexverlauf abgewichen wird, bei gleichzeitiger kontrollierter Risikominimierung (im Gegensatz dazu soll beim reinen aktiven Management der Ertrag maximiert werden, Risiko- und Tracking-Error-Kontrolle spielen hier eine untergeordnete Rolle).

Kriterien	ETF Passiv	Enhanced Traded Funds
Abbildungsgenauigkeit	bilden einen Index am genauesten 1:1 ab, abzüglich Kosten	bilden einen Index nicht genau 1:1 ab
Finanzinstrument	börsennotierter Investmentfonds	offener Investmentfonds
Sicherheit	Sondervermögen	Sondervermögen
Risiko	kein Risiko	kein Risiko
Insolvenz	fließt nicht in die Konkursmasse mit ein	fließt nicht in die Konkursmasse mit ein
Handel	Börsenhandel	Ausgabe und Rückgabe über KAG
Marktverfügbarkeit	international	international
Börsenliquidität	sehr hoch	kein börslicher Handel
Laufzeit	unbegrenzt	unbegrenzt
Dividendenausschüttung	volle Dividendenzahlungen	volle Dividendenzahlungen oder thesauriert
Kaufgebühr	ca 1%	bis 5%
Geld / Brief- Spanne	0,05 bis 0,5%	keine
laufende Gebühr	0,25 bis 0,5%	0,5 bis 2,0%
Anbieter	Investmentgesellschaft	Investmentgesellschaft
Angebot zum 23.09.2003	55	in Deutschland relativ unbekannt

Abb. 11: ETFs vs. Enhanced Index Funds

Quelle: Rödl & Partner, Köln

Passive vs. aktive Exchange Traded Funds

Exchange Traded Funds sind Indexfonds, die wie Aktien fortlaufend über die Börse zum aktuellen Börsenkurs gehandelt werden können. Beim Erwerb der Fondsanteile über die Börse fallen keine Ausgabe- oder Rückgabeaufschläge an. Der Investor trägt lediglich die üblichen Transaktionskosten für den Kauf und Verkauf von Wertpapieren. Die Anteile können Investoren über jede Bank, Sparkasse oder einen Discoutbroker erwerben, die den Handel in Aktien anbieten. Hierbei gilt es zwischen aktiven und passiven ETFs zu unterscheiden.

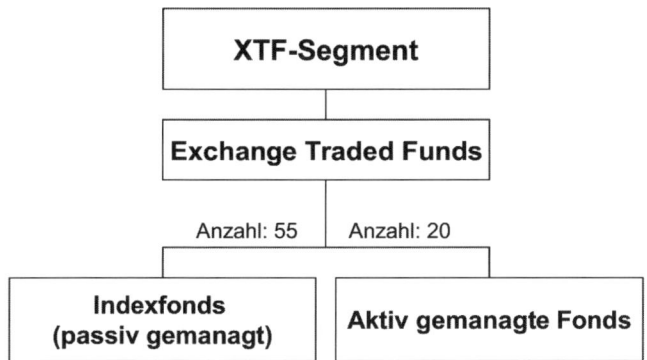

Abb. 12: Produkte XTF-Segment

Quelle: Rödl & Partner, Köln, (Stand 23.09.2003)

Der wesentliche Unterschied zwischen den aktiven und den passiven ETFs besteht darin, dass aktive ETFs versuchen, die Wertentwicklung des zugrunde gelegten Index anhand der Anpassung des Fondsportfolios an die sich verändernden Marktbedingungen zu übertreffen. Dies fasst auch folgende Gegenüberstellung zusammen:

Passiv gemanagte ETFs	Aktiv gemanagte ETFs

• Marktrisiko
• Geringe Spreads
• Transparent:
  - Portfolio und laufender
    Net-Asset-Value bekannt
• Geringe Managementgebühr
	• Höheres Risiko mit Aussicht auf
	  höheren Ertrag
	• Anlagestrategie und die zehn größten
	  Positionen im Fonds in Monats-
	  berichten veröffentlicht
	• Höhere Managementgebühr für
	  Marktbeobachtung und Entscheidung

ZIEL: Dem Index folgen	**ZIEL: Den Index schlagen**

Abb. 13: ETFs passiv vs. ETFs aktiv

Quelle: Rödl & Partner, Köln

Jeder Anleger ist frei in seiner Anlagewahl. Er kann sich in einem passiven ETF engagieren, der einem Index folgt und das Risiko eines ganzen Marktsegments abbildet, oder er wählt einen aktiven ETF, der durch die Entscheidungen professioneller Fondsmanager in der Performance zum Index positiv beeinflusst werden kann. Mittlerweile ist ein effizienter Marktplatz für ETFs entstanden, der von allen Anlegern genutzt werden kann. Da die aktiven ETFs auch ohne Ausgabeaufschlag notieren, sind die Produkte besser vergleichbar. Dafür sorgt auch die Auswahl der Benchmarks durch die Deutsche Börse AG. Aktive Fonds müssen zudem monatliche Berichte über die Portfoliobewegungen liefern und übertreffen somit die gesetzlich vorgeschriebene halbjährliche Berichtspflicht erheblich.

ETFs – Curriculum vitae

Bevor wir in den darauf folgenden Kapiteln tiefer in die ETF-Materie einsteigen, möchten wir Ihnen die hochinteressante Entwicklungsgeschichte der Exchange Traded Funds näher bringen. Von den ersten Schritten zum Indexfonds über die Entstehung der ersten ETFs bis hin zur ausführlichen Darstellung der aktuellen Marktsituation informiert Sie dieses Kapitel.

Curriculum vitae

Persönliche Daten

Exchange Traded Fund - ETF

* Januar 1993 in USA
* April 2000 in Deutschland

Familienstand: Indexanlage

Werdegang

Anfang der 70er-Jahre	Investoren erkennen allmählich, dass es unmöglich scheint, die Benchmark mit Stockpicking-Methoden zu übertreffen.
1971	William Sharp und Bill Fouse kreierten bei Wells Fargo mit dem „Samsonite Pension Fund" den ersten Indexfonds für institutionelle Investoren.
1976	John Bogle und Burton Malkiel entwickelten mit dem Vanguard 500 den ersten Indexfonds für Privatanleger.
Anfang der 80er-Jahre	Programmhandel und Futures ermöglichen es institutionellen Investoren, große Aktienkörbe zu kaufen und zu verwalten.
1987	Handel von Cash Index Participations (CIPs) an der Philadelphia Stock Exchange und Index Participation Shares (IPS) an der American Stock Exchange.
1988	Erster Indexfonds „CB German Index Fund" für Institutionelle in Deutschland. Emittent: Luxemburger Commerzbanktocher CB German Index Fund Company.
1989	Der Handel mit den auf dem TSE-35-Index basierenden Toronto Index Participation Shares (TIPS) beginnt in Kanada. TIPS sind das erste aktienbasierte Instrument zum Indexhandel. Wenig später wurden die Toronto 100 Index Participations (HIPs) nach dem gleichen Prinzip eingeführt.
1990	Zulassungsprozess für ETFs wird in Gang gesetzt.
1992	Erste deutscher Index-Publikumsfonds „Oppenheim DAX-Werte Fonds" vom Bankhaus Oppenheim.
1993	Erster ETF mit Namen SPDRs (Standard & Poor's Depository Receipts) an der American Stock Exchange!
1996	„WEBS" und „Country Baskets" sind die ersten ETFs, die auf einzelnen Länderkörben basieren.

1998	Einführung von „Diamonds", „HOLDRs" und „Select Sector SPDRs".
1999	Einführung von Nasdaq-100-Trust-Anteile „Cubes".
2000	ETF-Handel in Deutschland, Großbritannien, Israel, der Schweiz und Schweden. Zudem: erste aktive ETFs wurden aufgelegt.
Erfolge	
2001-2002	2001 sieben, 2002 bereits zwölf ETF-Anbieter in Deutschland Verwaltete ETF Vermögen steigt von 2002 bis 2003 um 91 Prozent auf 10,7 Milliarden EUR in Deutschland.
2002-2003	ETF-Volumen in Deutschland: 06/2002 4,2 Mrd. EUR, 06/2003 9 Mrd. EUR.
2003	XTF-Segment an Frankfurter Börse 67 % Marktanteil in Europa. Indexchange hat 24 Prozent Marktanteil in Europa. Durchschnittliche Verwaltungsgebühr in Europa: 0,52 % Durchschnittliche Verwaltungsgebühr in Großbritannien: 0,97 % per April 2003 gibt es weltweit 283 ETFs.
Rückschläge	
2003	33 Nischen ETFs wurden in den USA geschlossen Branchen-ETFs werden auch in Deutschland geschlossen: Unico schließt 5, Fresco 4 und Merrill Lynch 13 Branchen-ETFs.
2003	Konsolidierung des ETF-Anbietermarktes.
Perspektiven	
	Kleinanleger entdecken immer mehr die Vorzüge von ETFs Japan hat weltweit den stärksten ETF-Volumens-Zuwachs Anfang 2004 ist die ETF-Zulassung in Spanien geplant.
	Köln/Bonn, 31. Oktober 2003

Abb. 14. ETF-Lebenslauf

ERSTE SCHRITTE ZUM INDEXFONDS

Bis zum Beginn der 70er-Jahre war die Anlagestrategie der Investoren sehr einfach gestrickt: Mittels Stockpicking anhand der fundamentalen und technischen Analyse wurde versucht, die Rendite der Portfolios zu erhöhen bzw. den Index zu übertreffen. Nach langer und oft schmerzhafter Erfahrung erkannten die Anleger, dass es fast unmöglich schien, die Benchmark mit Stockpicking-Methoden nachhaltig zu übertreffen. Es wurden Überlegungen dahingehend angestellt, wie es künftig möglich sein könnte, sich nicht mehr durch das risikobehaftete Stockpicking der Gefahr einer Underperformance, einhergehend mit höheren Transaktionskosten, aussetzen zu müssen, sondern die gleiche Performance wie der Markt zu erzielen. Insbesondere bedeutete dies, die Kosten der Portfolioaktivitäten zu reduzieren und das Risiko durch Streuung zu diversifizieren, allerdings ohne sich dabei eine schlechtere Performance als der Markt erkaufen zu müssen.

Vor diesem Hintergrund suchte die Finanzindustrie nach Instrumenten, die genau diese Merkmale aufweisen. 1971 kreierten William Sharpe und Bill Fouse bei Wells Fargo mit dem „Samsonite Pension Fund" den ersten Indexfonds, der sich jedoch ausschließlich an institutionelle Anleger richten sollte. Erst fünf Jahre später kamen auch Privatanleger mit dem Vanguard 500 Indexfonds von John Bogle und Burton Malkiel in den Genuss niedriger Transaktionskosten und diversifizierteren Risikos.

Die Kosten dieses Vanguard 500 Fund waren so niedrig, dass kein anderer Fonds ihm bezüglich der Kostenstruktur das Wasser reichen konnte. Mit über 100 Milliarden US-Dollar Assets under Management wurde dieser erste Indexfonds für Privatanleger zum größten Investmentfonds der Welt.

Ende der 70er-Jahre und in den frühen 80er-Jahren kamen der Programmhandel und der Portfoliohandel in Mode. Aufgrund der technischen Weiterentwicklung der American Stock Exchange und der New York Stock Exchange war es jetzt möglich, komplette Aktienkörbe mit einer einzigen Order zu handeln. Zeitgleich wurde an der Chicago Mercantile Exchange der Handel mit Futures populär. Dementsprechend nutzten auch zunehmend institutionelle Investoren große Aktienportfolios, die Indizes abbildeten, und handelten mit den dazugehörigen Index-Futures.

Die Börsenverantwortlichen hatten jedoch schnell erkannt, dass der Handel mit Futures für den Privatanleger viel zu teuer war und deshalb kaum genutzt wurde. Dies hatte zur Folge, dass es viel zu wenig Futures-Anleger im Vergleich zu Aktienanlegern gab. Die Notwendigkeit, für ein mehr an die Bedürfnisse des Privatanlegers geknüpftes Finanzinstrument zu entwickeln, war hiermit ersichtlich.

Die ersten Produkte, die auf diese neuen Anforderungen reagieren sollten, waren die Cash Index Participations (CIPs), die an der Philadelphia Stock

Exchange 1987 gehandelt wurden. Wenig später bot die American Stock Exchange Index Participation Shares (IPS) an, die eher Futures als unserem heutigen Verständnis von Exchange Traded Funds glichen. Denn die IPS basierten auf einem Preis, der eine Quote des zugrunde liegenden Index darstellte. Da sie zusätzlich auf Kreditbasis gekauft und ebenso wie Aktien verliehen werden konnten, funktionierten die IPS und die CIPs prinzipiell wie Futures. Nach dem Urteil eines Chicagoer Gerichts mussten allerdings beide Finanztitel geschlossen werden, da das Gericht befand, dass die IPS eigentlich Terminkontrakte waren, die an einer Terminbörse hätten gehandelt werden müssen.

1989 lösten die „Toronto Stock Exchange Index Participations" (TIPs) dann die IPS ab. Die TIPs waren Zertifikate, die auf Basis hinterlegter Wertpapiere den Toronto-35-Index abbildeten. Im Gegensatz zu börsennotierten Instrumenten wie IPS und Futures handelte es sich bei den TIPs nicht um Derivate. Wie die heutigen ETFs stellten sie Anteile an einem Investmentfonds dar, der von der Börse Toronto emittiert wurde. Dieser Fonds hielt eine Aktienposition in den 35 Unternehmen, aus denen sich der TSE 35 Index zusammensetzte. Die Gewichtungen der Aktien im Fondsportfolio spiegelten ihren Anteil im Index wider. Später wurden dann die „Toronto 100 Index Participations" (HIPs) nach dem gleichen Prinzip eingeführt. Aufgrund ihrer niedrigen Kostenstruktur gelang ihnen schnell der Durchbruch.

Während sich in Canada die TIPs und HIPs entwickelten, wurden in den USA zwei weitere Aktienportfolioinstrumente konstruiert: sie Supershares und die SPDRs („spiders"). Bei den Supershares handelte es sich um ein vom amerikanischen Finanzdienstleister Leland O'Brien Rubinstein Associates entworfenes Finanzinstrument, das allerdings aufgrund seiner Komplexität und seiner hohen Kosten nie große Bedeutung fand.

In Deutschland hielt der Indexing-Gedanke in den Finanzmärkten und in den Köpfen der Anleger erst in den späten 80er-Jahren Einzug. Im Jahr 1988 ermöglichte die Luxemburger Commerzbanktochter CB German Index Fund Company erstmals den deutschen institutionellen Investoren, auf einen Index zu setzen. Der „CB German Index Fund" bildete den Commerzbank-Index ab, konnte aber die Anleger nicht gänzlich vom passiven Management überzeugen. 1992 bot das Bankhaus Oppenheim mit dem „Oppenheim DAX-Werte Fonds" den ersten nach deutschem Recht aufgelegten Publikumsfonds an. Im gleichen Jahr etablierten die Universal Investment Gesellschaft mbH mit dem „UBS (D) German Equity – Fund UI und die E.I. Euroinvest KAG mit dem „DAX-Euroinvest" zwei weitere Indexfonds.

Vom Indexfonds zum ETF

Die ersten „richtigen" ETFs entstanden zum Teil aus einer finanzieller Notlage, in der sich die AMEX in den 80er-Jahren befand. Um dem Liquiditätsmangel entgegenzuwirken, musste die Derivate-Abteilung um Nate Most ein neues Anlageinstrument entwickeln, das zum Handel an der AMEX geeignet war. Most fiel bei der Suche auf, dass gewöhnliche Investmentfonds sehr beliebt waren, und das, obwohl nicht für den Intraday-Handel zugänglich. Inspiriert von seiner Zeit bei der Pacific Commodities Exchange erinnerte sich Most an den Umgang mit Lagerempfangsscheinen, die auf Rohstoff- und Warenmärkten gebräuchlich waren. Der Gedankengang war folgender: Man lagerte eine Ware und stellte für diese einen Lagerempfangsschein aus, der dann als Sicherheit für einen Kredit verwendet werden konnte. Da die Waren nicht die ganze Zeit hin- und hergeschickt werden konnten, lagerten sie an einem Platz und lediglich der Lagerempfangsschein wurde übertragen. Diese Erfahrung sowie seine Erkenntnisse über „normale Fonds" führten Most letztlich zur Entwicklung der ETFs: Wenn ein großer Aktienkorb einfach gegen eine Art Empfangsschein ausgetauscht und dieser wiederum in kleinere Teile aufgeteilt wird, können diese Anteile im Sekundärmarkt gehandelt werden.

Obwohl schon 1990 der Zulassungsprozess in Gang gesetzt wurde, dauerte es noch bis Januar 1993, bis der erste Exchange Traded Fund das Licht der Börsenwelt erblickte. Die an der American Stock Exchange unter dem Synonym-Namen SPDRs („Standard & Poor's Depository Receipts") gehandelten ETFs stellten einen Investmentfonds dar, dessen Aktienportfolio aus den dem S&P 500 Index zugehörigen Titeln bestand und dessen Zusammensetzung in Abhängigkeit von der Zusammensetzung des Indexes modifiziert werden konnte. Der Vorteil der SPDRs gegenüber den Supershares lag in der

Einfachheit und den geringen Kosten. Heute ist der S&P 500 SPDR im Hinblick auf die Assets under Management der zweitgrößte Indexfonds der Welt.

Mit den in 1996 eingeführten WEBS („World Equity Benchmark Shares"), die später in iShares MSCI Fonds unbenannt wurden, kreierten Morgan Stanley und Barclays Global Investors eine Neuheit am Indexing-Himmel. Erstmals eröffneten Indexfonds nordamerikanischen Investoren den Zugang zur Performance von Aktienindizes außerhalb der USA. Das bedeutete, dass es ab sofort möglich war, an amerikanischen Börsen Fonds aus Aktien nicht USA-ansässiger Unternehmen zu handeln.

Etwa gleichzeitig zur Börseneinführung der WEBS an der American Stock Exchange wurden die „Country Baskets" der Deutschen Bank an der New York Stock Exchange lanciert, die mittlerweile aber wieder eingestellt wurden. 1998 folgten die „Diamonds" (State Street Global Advisors), die auf dem Dow Jones Industrial Average Index basierten. Ein Jahr später, 1999, eroberten die auch als „Cubes" bekannten Nasdaq-100-Trust-Anteile den Markt.

Seit Markteinführung 1993 gibt es in den USA mittlerweile mehr als 100 verschiedene Exchange Traded Funds mit einem Handelsvolumen von über 100 Milliarden US-Dollar.

Vorreiter für die europäische ETF-Historie war Deutschland. Im April 2000 hat die Deutsche Börse AG als erste europäische Börse ein eigenes Segment für börsengehandelte Fonds gestartet, das XTF-Segment. Auf dieser Handelsplattform können Anleger über ihre Bank Fonds kaufen und verkaufen. Dabei wird die Ausführung sowohl über die elektronische Handelsplattform Xetra als auch über den maklergestützten Präsenzhandel angeboten – wobei etwa 98 Prozent der Orders über Xetra abgewickelt werden. Die ersten beiden passiv verwalteten ETFs in Europa basierten auf dem DJ Euro-Stoxx 50 und dem DJ Stoxx 50.

Noch im gleichen Jahr wurden ETFs an der Schweizer Börse (SWX), in Israel, Schweden, Südafrika und Großbritannien eingeführt. Exakt 92 ETFs mit 131 Notierungen an acht europäischen Börsen und einem Gesamtvolumen von acht Milliarden Euro wurden Ende April 2000 bereits gezählt.

Gleichzeitig erschienen in Deutschland die ersten aktiv verwalteten ETFs. An der Börse in Kanada wurden die ersten auf Obligationen basierenden ETFs lanciert.

Drei-Jahres-Bilanz

Seit dem Start des XTF-Segments an der Deutschen Börse ist das Volumen aller gelisteten Indexfonds rapide gewachsen. Per Ende Juni 2003 betrug das Gesamtfondsvolumen rund neun Milliarden Euro. Im Juni 2002 hatte das Gesamtvolumen lediglich 4,2 Milliarden Euro betragen. Dies entspricht einem Anstieg von 112 Prozent. Mit einem Marktanteil von 67 Prozent, bezogen auf das von europäischen ETFs verwaltete Fondsvermögens, nimmt das XTF-Segment der Deutschen Börse einen Spitzenplatz in Europa ein. Auch was die Umsätze betrifft, ist das deutsche XTF-Segment Europameister: Mehr als die Hälfte aller ETF-Umsätze in Europa werden im XTF-Segment generiert. Allein seit Anfang 2003 hat das XTF-Segment seinen europäischen Marktanteil von 45 Prozent auf 56 Prozent ausgebaut. Im ersten Halbjahr 2003 wurden über 18 Milliarden Euro im XTF-Segment gehandelt. Dieser enorme Erfolg lässt sich wie folgt begründen:

Während sich die Akzeptanz und Beliebtheit der Exchange Traded Funds in den USA in einem fortgeschrittenen Stadium befindet und ihr Anteil Anfang 2003 bereits über zehn Prozent des Gesamtvolumens aller Publikumsfonds lag, beginnen jetzt auch in Deutschland heftigste Expansionsmaßnahmen der Marktanbieter. Traten im Jahr 2001 noch sieben Fondsgesellschaften im Handelsverkehr auf, so musste der ETF-Markt Mitte 2002 bereits unter zwölf Fondsgesellschaften aufgeteilt werden.

Erste Erfolge

Die Gründe für die zunehmende Attraktivität der ETFs in Deutschland lagen unter anderem in breiteren ETF-Produktsortimenten der Anbieter und in den sinkenden Verwaltungsgebühren. Die primären Ursachen für die geringer werdenden Transaktionskosten waren einerseits der steigende Wettbewerbsdruck, der durch die erhöhte Anzahl an Fonds und Anbieter erzeugt wurde.

Andererseits ermöglichten die in absoluten Zahlen immer größer werdenden Fondsvolumen Größeneffekte bei den Investmentgesellschaften. Des Weiteren hatten sich die Anfangskosten, die bei der Fondsauflage entstanden, inzwischen größtenteils durch die Erträge aus dem ETF-Handel amortisiert.

Das amerikanische Fondsgeschäft war zu dieser Zeit bereits so weit fortgeschritten, dass das jährliche Gebührenniveau teilweise schon auf Beträge um die 0,10 Prozent gedrückt werden konnte. In Europa hingegen liegt der Durchschnittspreis der Verwaltungsgebühren per August 2003 bei 0,52 Prozent, in Großbritannien sogar bei 0,97 Prozent jährlicher Belastung.

FAZ.net   **8. März 2002**

Immer mehr Investoren setzen einfach auf Indizes

Eine Produktidee setzt sich durch: Indexorientierte Fonds und Zertifikate haben in den vergangenen Jahren traumhafte Wachstumsraten hingelegt. Das in Indexfonds verwaltete Vermögen hat sich in Europa in den vergangenen zwölf Monaten mit fast sieben Milliarden Euro fast versechsfacht.

Isolde Regensburger, die diese Produkte beim Marktführer Merrill Lynch mit entwickelt hat, weiß, warum: „Mit ETFs kann man auf eine sehr, sehr einfache Weise global investiert sein. ETFs sind sehr transparent und auch für kleine Volumina geeignet."

[...]

Die Orderkosten von Indexfonds entsprechen denen einer Aktienorder, dazu kommt eine jährliche Verwaltungsgebühr von bis zu 0,5 Prozent, Tendenz fallend. In den USA liegt diese Gebühr teilweise nur noch bei 0,09 Prozent. Damit fällt der Kostenvergleich zu klassischen, aktiv gemanagten Fonds, wo die Verwaltungsgebühren eher nach oben tendieren, eher günstig aus.

Erste Rückschläge

Bereits im November 2002 prognostizierten Analysten erstmals eine Konsolidierung im amerikanischen ETF-Geschäft. Von dieser Konsolidierung waren vor allem Fonds betroffen, die den Chemie-Subindex des Dow Jones und den Standard & Poor's Toronto Stock Exchange 60 Index abbildeten. Das Anlagekapital dieser Fonds betrug weniger als 20 Millionen Dollar, und im Durchschnitt erreichten diese Fonds ein tägliches Umsatzvolumen von weniger als einer Million Dollar.

Diese Beispiele zeigen, dass die Nachfrage nach Nischenmarkt bzw. Subindizes abbildenden Fonds nicht ausreichend groß war. Bei Umsätzen in dieser geringen Größenordnung bedeutet dies, dass die Kosten wieder steigen und es billiger wäre, in einen eigenen Aktienkorb zu investieren. Diese negative Tendenz, generell in Nischenmärkte zu investieren, zeigt auch die Schließung von 33 Nischenfonds aus dem klassischen Investmentfondssektor.

Financial Times Deutschland   **17. September 2003**

ETF-Branche steckt erste Rückschläge ein – Merrill Lynch schließt Geschäft mit börsennotierten Fonds

Nach jahrelangem rasantem Wachstum beginnt am Markt für börsennotierte Fonds (Exchange Traded Funds – ETFs) eine Bereinigung. Die US-Bank Merrill Lynch, die in Europa als Erste Fonds an die Börse gebracht hatte, verkündete gestern ihren Rückzug aus dem Geschäft. Der Profit sei nicht so hoch gewesen, wie man es sich erhofft habe, sagte Manooj Mistry, ETF-Projektmanager bei Merrill Lynch. In den vergangenen Wochen mussten bereits zahlreiche unrentable Fonds schließen. Deborah Fuhr, ETF-Expertin von Morgan Stanley, registriert die „erste Phase der Konsolidierung" eines Marktes, dessen weltweites Volumen 2003 gegenüber dem ebenfalls schon starken 2002 noch einen Sprung um 41 Prozent gemacht hat.

[...]

So hatte Branchenpionier Merrill im vergangenen Monat bereits 13 unrentable ETFs geschlossen. UBS nahm Ende Juli vier Produkte vom Markt, Barclays gab neun Fonds auf. Nun übernimmt iShares die ETF-Sparte des britischen Finanzkonzerns, die letzten zwei Merrill-Fonds, die auf ein Gesamtvolumen von zwei Milliarden Euro kommen. ...

Auch Deutschland konnte sich diesem Trend nicht entziehen. So wiesen fünf der zehn börsengehandelten Branchen-ETFs des Anbieters Unico nur Volumina zwischen ein und zwei Millionen Euro auf, worauf sie nach nur einem Jahr Lebenszeit am 31. März 2003 wieder aus dem Programm genommen wurden. Ende Juli 2003 hat mit der UBS-Tochter Fresco ein weiterer Anbieter vier Branchenindizes vom Markt genommen. Dem folgte Merrill Lynch, indem der Branchenpionier im August 2003 mit der Schließung von 13 unrentablen ETFs seinen Rückzug aus dem ETF-Geschäft verkündete.

Neues Wachstum

Anfang 2003 beschloss die weltweit größte Börse, die New York Stock Exchange (NYSE), den Handel für börsengehandelte Indexfonds auszubauen, um im Wettbewerb mit der Marktführerin American Stock Exchange (126 ETF-Produkte im Januar 2003) an Boden zu gewinnen und dadurch eine florierende Einnahmequelle zu erschließen.

In Europa erhöhte sich 2002 das Anlagekapital der Exchange Traded Funds um ganze 91 Prozent auf 10,7 Milliarden Dollar. Mit einem verwalteten Marktanteil von 24 Prozent am gesamten europäischen Anlagekapital war die Bayerische HypoVereinsbank-Tocher Indexchange AG Europameister.

Privatanleger entdecken ETFs

Drei Jahre nach der Einführung der Plattform XTF haben sich die Exchange Traded Funds auch bei den Privatanlegern als interessante Investitionsmöglichkeit etabliert, stammt doch fast die Hälfte aller Orders von privaten Investoren. Die XTF selber ist mit einem Umsatzanteil von 56,3 Prozent inzwischen zum größten Handelsplatz für Exchange Traded Funds in Europa aufgestiegen.

Im April 2003 waren laut Morgan Stanley weltweit insgesamt 283 Fonds an der Börse notiert, was eine Verdreifachung der Gesamtzahl innerhalb der zurückliegenden drei Jahre bedeutete.

Aktueller Marktüberblick und weitere Entwicklung

In den letzten zehn Jahren ist das Volumen der Exchange Traded Funds (Assets under Management) sehr stark angestiegen. Sowohl die Zahl der institutionellen und privaten ETF-Investoren als auch das investierte Kapital steigen kontinuierlich weiter.

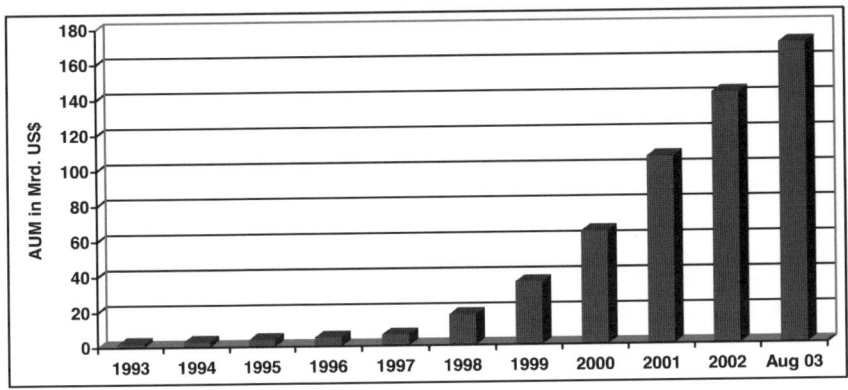

Abb. 15: ETF-Entwicklung weltweit

Quelle: Morgan Stanley (Stand: August 2003)

Auch wenn die ETFs in den USA in den ersten Jahren ihre Markteinführung noch nicht besonders viele Investoren für sich gewinnen konnten, sind ETFs von den amerikanischen Finanzmärkten nicht mehr wegzudenken. Vor allem seit der wirtschaftlichen Boom-Phase Ende der 90er-Jahre und spätestens seit der Börseneinführung in Europa ist das Anlagevolumen in ETFs raketenartig gestiegen.

Weltweit werden insgesamt knapp 170 Milliarden US-Dollar in 291 Exchange Traded Funds verwaltet. Dabei verzeichnen die europäischen Börsenfonds die größte Zunahme. Die Entwicklung des ETF-Marktes in Europa hat bereits nach drei Jahren ein Stadium erreicht, wie es in den USA erst nach sechs Jahren möglich war. In Europa sind zwar derzeit mehr ETFs gelistet als in den USA, auch die Zahl der ETF-Anbieter ist größer, doch die Amerikaner handeln das meiste Kapital.

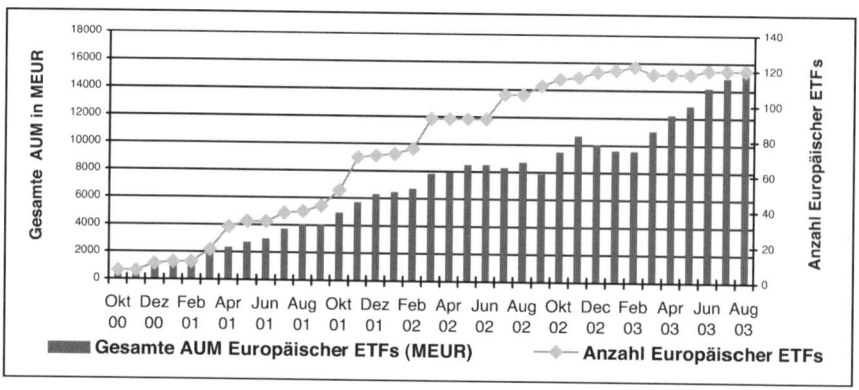

Abb. 16: ETF-Volumen und -Anzahl in Europa

Quelle: SOTXX Ltd. (Stand: August 2003)

Während das Investitionsvolumen der 114 US-ETFs gut 121 Milliarden Dollar beträgt haben zwar die Europäer mit 122 ETFs mehr Fonds im Angebot, jedoch nur knapp 16 Milliarden Dollar an Fondsgesamtvermögen (Stand: August 2003). Dies bedeutet eine Verbesserung gegenüber dem Vormonat Juli 2003 um 5,5 Prozent. Gegenüber dem US-ETF-Vermögen entspricht dies gerade einmal 13 Prozent.

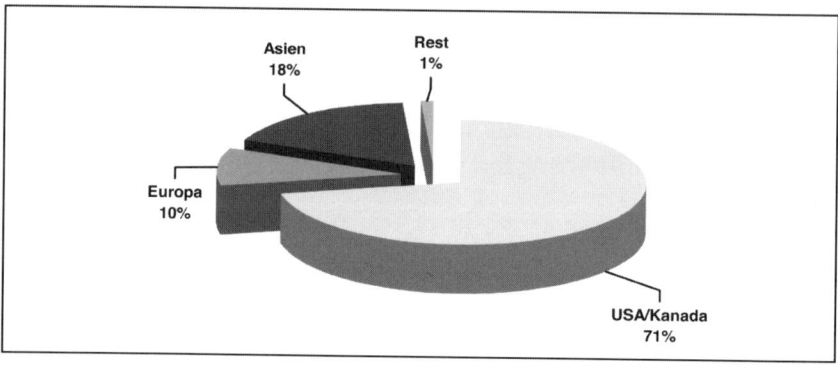

Abb. 17: ETF-Anlagevermögen nach Regionen

Quelle: Morgan Stanley. (Stand: August 2003)

Europa ist weltweit der am härtesten umkämpfte ETF-Markt. Dies wird nicht nur aus der hohen Anzahl der Emittenten, derzeit 15, ersichtlich, sondern auch aus der Tatsache, dass es in Europa multiple Lizenzierungen auf die Indizes gibt. Daraus ergibt sich eine andere Struktur des europäischen ETF-Marktes als in den USA. Bei beispielsweise fünf verschiedenen ETFs auf den DJ EuroStoxx 50 ist es für den Anleger schwierig zu verstehen, ob und worin sich die einzelnen ETFs unterscheiden, replizieren sie doch alle den gleichen Index.

Als logische Konsequenz folgt eine Zersplitterung der Nachfrage nach einem Index auf viele Anbieter. Für ETF-Emittenten und Indexanbieter bedeutet dies einen härteren Wettbewerb, der sich zugunsten der Anleger auf die Verwaltungsgebühren positiv auswirken dürfte. In den USA hingegen sind Doppel- oder sogar Mehrfachlizenzierungen auf Indizes nicht möglich. Die einzige Ausnahme ist der S&P-500-Index, der sowohl von Barclays Global Investors als auch von State Street Global Advisors aufgelegt werden durfte.

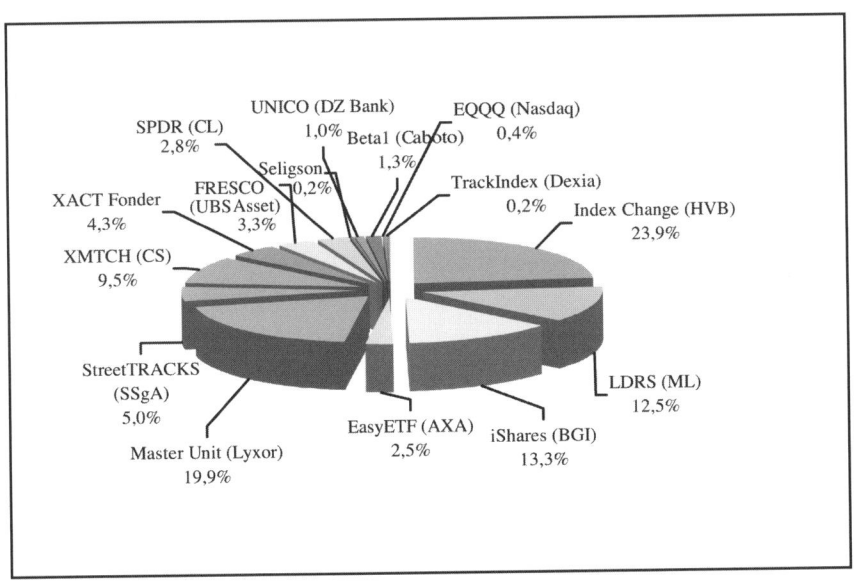

Abb. 18: Europäische ETF-Anbieter nach Marktanteil
Quelle: SOTXX Ltd. (Stand: August 2003)

Trotz der Vielzahl an ETF-Anbietern ist der europäische ETF-Markt sehr konzentriert. INDEXCHANGE, Barclays (inklusiv der LDRS von Merrill Lynch) und Lyxor Asset Management nehmen insgesamt knapp 70 Prozent der europäischen Assets under Management ein.

Neben dem Handel von Aktienindex-ETFs bietet die Deutsche Börse als erste Börse in Europa auch den Handel von Rentenindex-ETFs an. Mit dem iBoxx-Index-Liquid-Corporates-ETF von Barclays kann der Interessent in europäischen Unternehmensanleihen investieren. Seit Februar 2003 kann der eb.rexx Government Germany gehandelt werden. Dieser ETF spiegelt die Wertentwicklung ausgewählter deutscher Staatsanleihen mit hoher Liquidität wider.

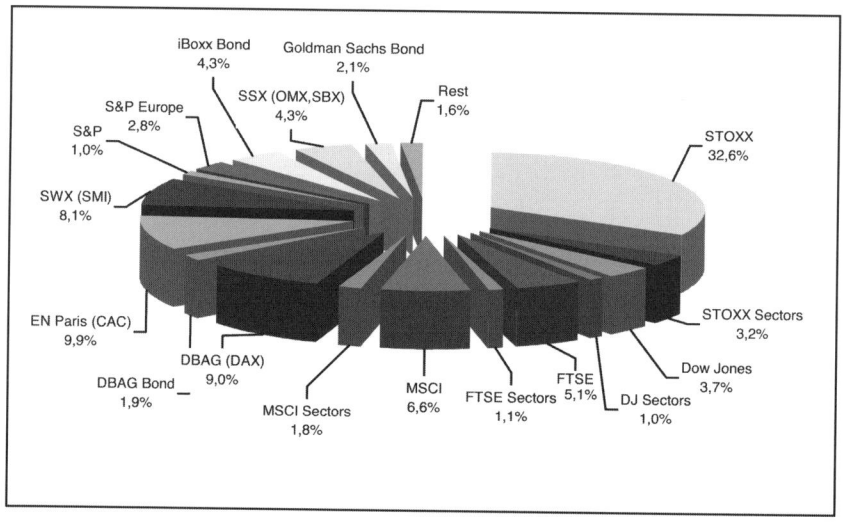

Abb. 19: Marktanteil der Indexanbieter

Quelle: SOTXX Ltd. (Stand: August 2003)

Bezüglich des Marktanteils europäischer Indexanbieter fällt auf, dass die STOXX Ltd. mit ihren Blue-Chip- und Sektoren-Indizes mit 35,8 Prozent der gesamten Assets under Management der dominante Indexanbieter auf dem europäischen ETF-Markt geworden ist. Weitere führende Indexanbieter sind die auf nationale Werte begrenzte EN PARIS mit dem CAC, die Deutsche Börse AG mit dem DAX und die Schweizer Börse SWX mit dem SMI.

Seit 2003 wird der Diamonds Trust Series 1 (ein amerikanische Exchange Traded Funds) an der Euronext in Amsterdam gehandelt. Der Indexfonds bildet den Dow Jones Industrial Average ab und beinhaltet die 30 markt-führenden US-Unternehmen. Statistiken zufolge handeln US-Anleger täglich zwischen 432 und 594 Millionen Euro.

Der japanische ETF-Markt hat im Juni 2003 ein Wachstum von zwölf Prozent und etwa 2,5 Milliarden Dollar Anlagevolumen erreicht. Trotz lang anhaltender Rezession liegt Japan beim Wachstum weit vor den europäischen und amerikanischen ETF-Märkten.

Land	Verwaltetes Vermögen in Mrd. USD		Gesamtzahl der Fonds	
	2002	2001	2002	2001
USA	102,3	84,6	113,0	101,0
Japan	21,0	6,6	18,0	8,0
Europa	10,7	5,6	192,0	92,0
Hongkong	3,1	3,6	4,0	4,0
Kanada	2,9	3,3	16,0	16,0
Südafrika	0,6	0,3	3,0	1,0
Israel	0,3	0,5	1,0	1,0
Korea	0,3	0,0	4,0	0,0
Australien	0,2	0,1	3,0	2,0
Singapur	0,2	0,0	6,0	5,0
Indien	0,0	0,0	1,0	0,0
Summe	141,6	104,6	361,0	230,0

Abb. 20: ETF-Markt-Entwicklung weltweit

Der Fonds.com   **2. Juli 2003**

Japans Markt wächst am stärksten

Das Fondsvolumen der 18 japanischen Exchange Traded Funds (ETF) ist im Juni um satte zwölf Prozent oder 2,38 Milliarden Dollar gewachsen, heißt es in der aktuellen Statistik des Fondshauses Morgan Stanley. Damit liegt Japan im Wachstum weit vor Europa (sechs Prozent) und den USA (zwei Prozent).

Die 114 amerikanischen ETF sind jedoch nach wie vor am beliebtesten. Im Juni wurden laut Morgan Stanley im Schnitt täglich 160 Millionen Anteile gehandelt. Die 122 europäischen Börsenfonds folgen in weitem Abstand mit elf Millionen Anteilen. Auf Platz drei liegt überraschenderweise der einzige taiwanesische Börsenfonds mit einem täglichen Umsatz von zehn Millionen Anteilen.

Die Top Five der europäischen ETFs Asset under Management führt der CAC 40 Master Unit vor dem DJ EuroStoxx 50 Ex an, dicht gefolgt vom LDRS Euro Stoxx 50.

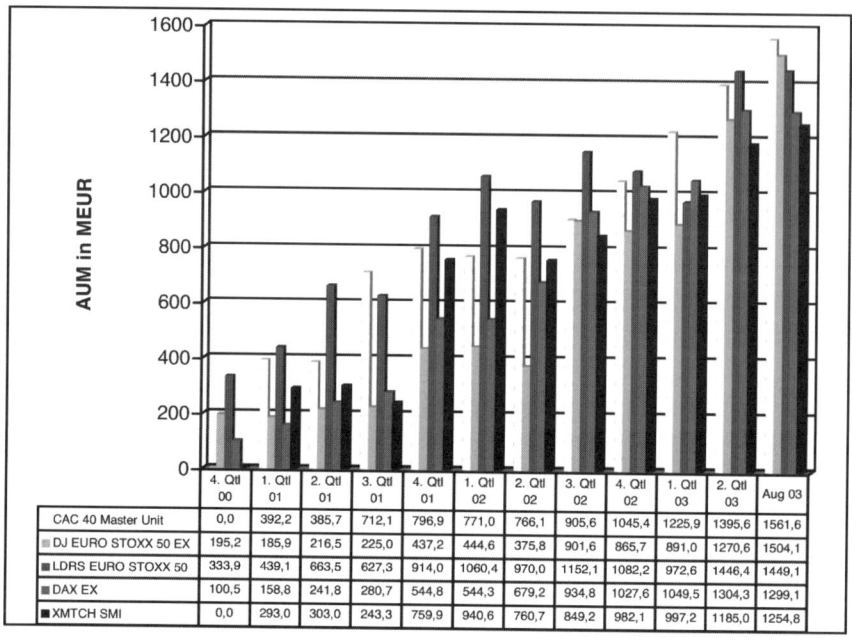

Abb. 21: Top Five der europäischen ETFs

Quelle: STOXX Ltd. (Stand: August 2003)

Wird der Blickwinkel auf die Top Ten der europäischen ETFs hinsichtlich der Assets under Management erweitert, so wird die breite Anlagespanne der europäischen Investoren deutlich. Weder die Bevorzugung eines Index noch eines ETF-Anbieter noch eines bestimmten Anlageschwerpunktes sind hier klar ersichtlich. Insgesamt macht das Anlagevolumen der zehn größten ETFs im August 2003 knapp 68 Prozent der gesamten europäischen Assets under Management aus.

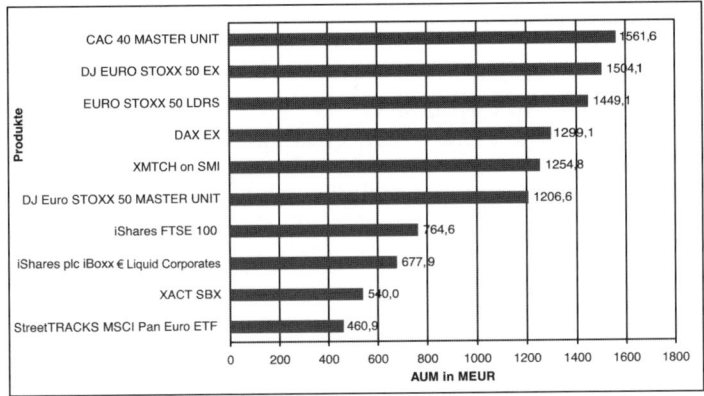

Abb. 22: Top Ten der europäischen ETFs

Quelle: STOXX Ltd. (Stand: August 2003)

Werden die ETFs nicht nach Assets under Management, sondern nach Umsatz ausgewertet, werden per August 2003 die beiden ETFs der INDEX-CHANGE am meisten gehandelt. Dies ist vor allem auf die große Beliebtheit der nationalen Blue-Chip-Indizes und des DJ EuroStoxx 50 zurückzuführen.

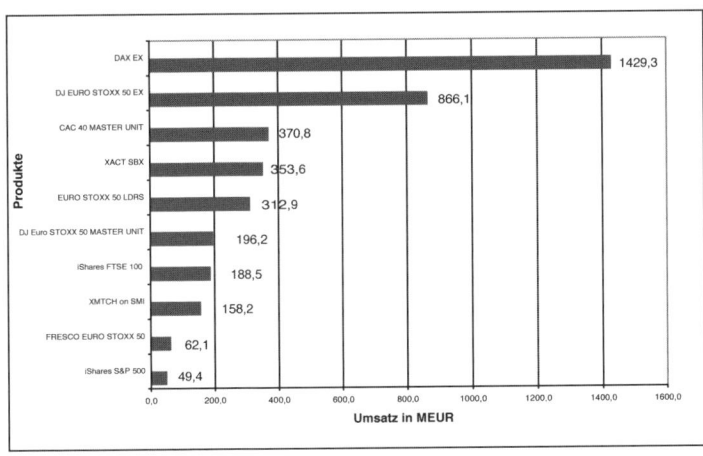

Abb. 23: Top Ten der europäischen ETFs nach Umsatz

Quelle: Deutsche Börse AG (Stand: August 2003)

Europameister im Umsatz-Wettbewerb ist die Deutsche Börse AG. Mit insgesamt 61 Prozent des gesamten europäischen Umsatzes, der über das XTF-Segment der Deutschen Börse abgewickelt wurde, untermauert sie ihre dominante Vormachtstellung auf dem europäischen ETF-Markt. Mit weitem Abstand folgt die Euronext mit ihrem Segment NextTRACK. Der Gesamt-umsatz der europäischen ETF-Segmente betrug im August 2003 4.660,9 Millionen Euro.

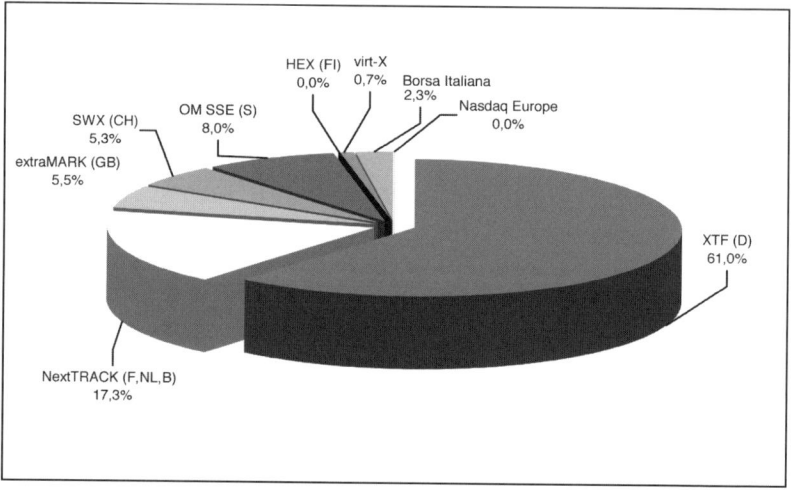

Abb. 24: ETF-Umsatz an den Börsen

Quelle: Deutsche Börse AG. (Stand: August 2003)

Perspektiven für Europa

Im ersten Halbjahr 2003 stieg das Volumen aller europäischen ETFs um 49,7 Prozent auf 15,3 Milliarden Euro an. Ähnlich positive Entwicklungen werden auch für die kommenden Jahre prognostisiert. Studien zufolge wird die jähr-liche Steigerungsrate auf mehr als 20 Prozent bis 2006 im Aktien- und Ren-tenbereich geschätzt. Hierbei sollen sich die Rentenfonds verdreifachen. Auch die Handelsumsätze weisen beträchtliche Steigerungsraten auf. In den ersten vier Monaten 2003 steigerte beispielsweise die Deutsche Börse ihren Handelsumsatz auf 29 Prozent.

Anfang September 2003 beschloss Merrill Lynch, alle seine FTSE-Global-Sector-ETFs zu schließen. Grund dafür war nach eigenen Angaben die Bindung von Kapital, nachdem auch Merrill Lynch erkennen musste, dass die Branchen-ETFs nicht genügend Assets under Management einsammeln konnten. Deshalb entschied sich Merrill Lynch, sich wieder auf seine Kernkompetenzen wie Maklergeschäft, Handel und Analysen zu konzentrieren.

Vor diesem Hintergrund lag die Entscheidung auf der Hand, auch seine letzten beiden Exchange Traded Funds, den DJ EuroStoxx 50 LDRS und den DJ Stoxx 50 LDRS abzugeben. Beide ETFs wurden von iShares, der ETF-Tochter von Barclays Global Investors, übernommen und in iShares DJ EuroStoxx 50 und iShares DJ Stoxx 50 umbenannt. Die Ernennung von iShares zum Emittenten und Investment-Manager der beiden Produkte lässt Barclays zum größten ETF-Anbieter auf dem europäischen Markt aufsteigen. Die gesamten europäischen Assets under Management von iShares stiegen infolgedessen von zwei auf vier Milliarden Euro. Mit über 45 Milliarden Euro verwalteten Vermögens ist Barclays einer der größten ETF-Anbieter der Welt. Barclays signalisiert durch die Übernahme, dass es auf die momentanen Konsolidierungstendenzen im europäischen ETF-Markt aktiv Einfluss nehmen möchte.

Zudem hat die amerikanische Fondsgesellschaft iShares in 2003 den ersten ETF auf den S&P-500-Index an die Frankfurter Wertpapierbörse gebracht. Der iShares S&P 500 wurde bereits vorher in Mailand und in London gehandelt.

Im August 2003 besaß die Münchner HVB-Tochter INDEXCHANGE mit 23,9 Prozent der europäischen ETF-Assets under Management noch die Marktführerschaft. Nach der Übernahme der LDRS durch Barclays Global Investors verlor INDEXCHANGE allerdings die Vormachtstellung.

Die Master Units von Lyxor Asset Management verdanken ihre starke Marktstellung dem italienischen Markt, wo sie eine dominante Rolle einnehmen.

Am 11. September 2003 hat die Credit Suisse Asset Management (CSAM) ihr Angebot an Exchange Traded Funds in Deutschland um vier weitere Titel ausgeweitet. Trotz diverser Schließungen in den vergangenen Monaten entschied sich CSAM, mit dem XMTCH (Lux) auf den Dow Jones Banks Titans, dem XMTCH (Lux) auf den Dow Jones Technology Titans und dem XMTCH (Lux) auf den Dow Jones Healthcare Titans drei Branchen-ETFs zu emittieren. Daneben kann beim XMTCH (Lux) auf den MSCI Europe in die 122 größten europäischen Unternehmen investiert werden. Zusammen mit dem XMTCH auf den SMI verfügt Credit Suisse nun über fünf Exchange Traded Funds in Deutschland.

Die SWX Swiss Exchange bietet seit September 2003 zwei neue Produkte, womit dieses Segment jetzt 16 Exchange Traded Funds umfasst. Die folgenden Produkte sind: DJ EuroStoxx 50 (SMEX) und DJ STOXX 50 (SMEX), beide von INDEXCHANGE Investment AG.

Seit dem 19. September 2003 können an der Amsterdamer Euronext-Börse erstmalig in Europa die in den USA höchst erfolgreichen Diamonds Trust Series 1-ETFs gehandelt werden. Für Investoren bedeutet dies, dass die „Diamonds" auch gehandelt werden können, wenn die American Stock Exchange noch geschlossen ist. Die „Diamonds" basieren auf dem Dow Jones Industrial Average Index. In den USA wechseln täglich zwischen fünf und sieben Millionen Stück ihren Besitzer. Die Total Exchange Ratio liegt bei jährlich 0,18 Prozent. Im Zuge dieser Markteinführung soll die Zusammenarbeit zwischen der AMEX und der Euronext ausgebaut werden.

Anfang 2004 führt der Index-Anbieter Dow Jones den Dow Jones DIFC Arabia Titans 50 in den arabischen Markt ein. Die 50 größten börsennotierten Firmen aus den Golf-Staaten, Nordafrika und dem Mittleren Osten werden in den oben genannten Index aufgenommen. Damit könnten Investoren ab 2004 an der Entwicklung der Golf-Staaten teilhaben. Zunächst müssen aber erst die Produktpalette und die Kundennachfrage analysiert werden, um dann festzustellen, welche Finanzprodukte angeboten werden können.

Vorteile und Zielgruppen von ETFs

In diesem Kapitel erfahren Sie die wirklichen Vorteile der Indexanlage mit Exchange Traded Funds im Vergleich zur herkömmlichen Anlage mit aktiv gemanagten Investmentfonds. Grundsätzlich ist vor allem die Umsetzung Ihrer Anlagestrategie in den einzelnen Anlageklassen Ihrer Asset Allocation mit ETFs wesentlich kostengünstiger und mit minimalem Arbeitsaufwand zu erreichen. Besonders die nervliche Anspannung, die aus der fortlaufenden Beobachtung und der ständigen Informationsgewinnung resultiert, wird dabei auf ein Minimum reduziert. Die Produkte bieten ein Höchstmaß an Transparenz in einem systematisch bestens strukturierten Anlageportfolio. Die Vorteile im Einzelnen:

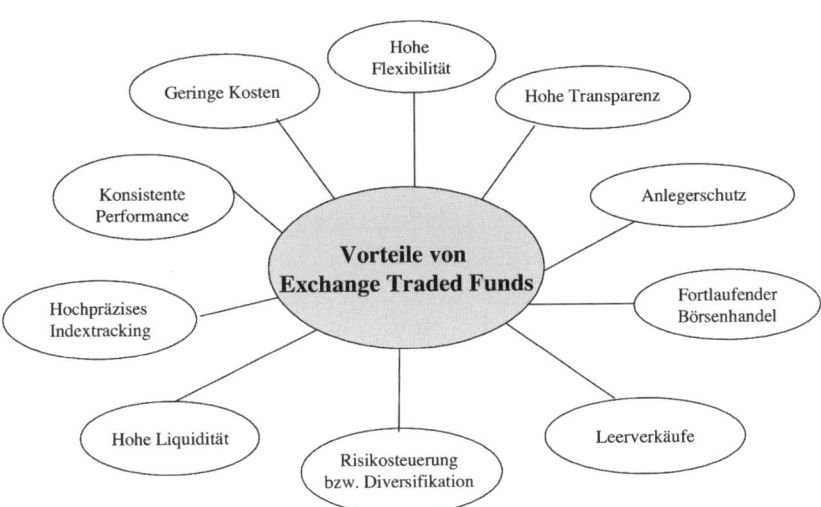

Abb. 25: Vorteile von ETFs

Quelle: Rödl & Partner, Köln

VORTEILHAFTE KOSTENSTRUKTUR

Indexing mit Exchange Traded Funds besitzt gegenüber traditionellen, aktiv gemanagten Fonds einen entscheidenden Vorteil: die äußerst vorteilhafte Kostenstruktur. Denn infolge der Replikation der Indizes, auf denen die Exchange Traded Funds beruhen, kommt es zu deutlich weniger Aktivität (Umschlagshäufigkeit) im Portfolio. Deshalb unterbleiben die permanenten Umschichtungen im Portfolio, und folglich reduzieren sich die Transaktionskosten auf ein Minimum. Umschichtungen finden hingegen nur dann statt, wenn sich die Indexzusammensetzung oder die Gewichtung der einzelnen Werte ändert. Dadurch ist es den ETF-Emittenten möglich, den Kostenvorteil direkt an den Anleger weiterzugeben.

Die Gesamtkostenvorteile ergeben sich aus den folgenden vier Positionen:

a) Ausgabeaufschlag und Rücknahmegebühren

Grundsätzlich wird beim Kauf eines Investmentfonds ein einmaliger Ausgabeaufschlag fällig. Dieser ist vom Anlageschwerpunkt des jeweiligen Fonds abhängig und liegt in der Regel zwischen vier und sechs Prozent. Dieser Ausgabeaufschlag dient der zusätzlichen Deckung von Verwaltungsgebühren (Fondsmanagement), Kosten für Administration und Buchhaltung, Vertriebskosten und Beratungskosten. Beim Verkauf der Fondsanteile kann es zu zusätzlichen Rücknahmegebühren kommen.

Beim Kauf von Exchange Traded Funds fällt weder ein einmaliger Ausgabeaufschlag an, noch kommt es beim Verkauf zu Rücknahmegebühren.

b) Verwaltungsgebühren

Die Verwaltungsgebühren, die sich in Managementgebühren und Transaktionskosten untergliedern, sind aufgrund des passiven Managements sehr niedrig. Zudem werden bei ETFs keine Kosten für die Lizenzen sowie die Prospekterstellung in Rechnung gestellt. Ebenfalls erfolgen die automatische

Portfolioanpassung als Reaktion auf Veränderungen der Indexgewichtung sowie das Management von Dividendeneinnahmen bei ETFs kostenlos.

Die durchschnittlichen Verwaltungsgebühren der ETFs auf dem deutschen Markt liegen in etwa bei 0,35 bis 0,50 Prozent pro Jahr, Tendenz fallend. Die Verwaltungsgebühren für Renten-ETFs liegen schon bei 0,15 bis 0,25 Prozent.

Die Gebühren werden anteilig für jeden Tag errechnet und vom Sondervermögen automatisch abgezogen. Die Verwaltungskosten werden auch als Total Expense Ratio (TER) bezeichnet.

c) Handelskosten

Zusätzlich zeichnen sich ETFs durch niedrige Handelskosten aus. Denn bei den meisten ETFs ist der Spread, also der Unterschied zwischen dem Geld- und Briefkurs eines Titels, sehr gering. Dies führt dazu, dass An- und Verkauf der ETFs sehr preiswert sind. Die Differenz zwischen An- und Verkaufspreis ist mit Spreads, wie Sie es bei Aktien gewohnt sind, zu vergleichen.

Sehr liquide Werte zeigen an den Börsen Bid/Ask-Spreads von nur rund 10 Basispunkten bzw. 0,10 Prozent.

d) Weitere Kosten

Darüber hinaus fallen börsenübliche Gebühren, wie Courtagen, an. Diese bewegen sich, wie Sie es bei Ihren Aktienkäufen oder -verkäufen gewohnt sind, etwa bei 0,08 Prozent. Weiterhin werden die üblichen Depotführungsgebühren Ihres Kreditinstitutes oder der Kapitalanlagegesellschaft erhoben. Die Depotgebühr wird u. a. verwendet für die Verwaltung Ihrer ETF-Anteile bzw. ETF-Sparplänen, die Verwaltung von steuerlichen Freistellungsaufträgen und die Ermittlung der durch Sie zu versteuernden Zwischengewinne. Diese Kosten bewegen sich zwischen 0,25 und 1,0 Prozent und sind in der Regel verhandelbar.

HOHE TRANSPARENZ

Exchange Traded Funds zeichnen sich besonders durch die hohe Transparenz aus. Wie bei Aktien sind alle notwendigen Börseninformationen wie Kurse, Handelsvolumina, Bid/Ask-Preise etc. jederzeit auf den Internetseiten der Emittenten, Börsen, Finanzinformationsdienstleistern oder Nachrichtenagenturen, wie Bloomberg oder Reuters, abrufbar.

Im Zusammenhang mit dem Transparenzprinzip sind die Börsen dazu verpflichtet, die Zusammensetzung des ETF-Portfolios täglich neu zu veröffentlichen. Auch auf den Internetseiten der ETF-Anbieter können die Zusammensetzung und die Gewichtung der Indizes bzw. der ETFs eingesehen werden.

Für den Anleger macht dies die Preisbildung sehr leicht nachvollziehbar: Der Kurs der ETFs entspricht in der Regel exakt 1/10 oder 1/100 des zugrunde liegenden Index. So kennen Sie mit Kenntnis des jeweiligen Standes Ihres Index bereits die Entwicklung Ihrer Kapitalanlage in ETFs. Beim Kauf von Exchange Traded Funds wissen die Investoren im Gegensatz zu herkömmlichen Fonds, deren Zusammensetzung oft nur halbjährlich veröffentlicht wird, ganz genau, in welche Portfoliowerte sie ihr Kapital investieren.

Durch diese hohe Transparenz bleiben Ungewissheiten und Überraschungen hinsichtlich der Titelauswahl des Fondsmanagers außen vor. Sie sind sich immer bewusst, mit welchen Werten Sie Ihre Anlage strukturieren.

FORTLAUFENDER BÖRSENHANDEL

Exchange Traded Funds können beispielsweise über Xetra, das elektronische Handelssystem der Deutschen Börse AG, zu den üblichen Börsenzeiten (seit 3. November 2003 von 9.00 bis 17.30 Uhr) gehandelt werden.

Der tatsächliche Wert des Fonds, der so genannte indikative Nettoinventarwert (iNAV), wird in Abhängigkeit vom zugrunde liegenden Index alle 15 oder alle 60 Sekunden von der Deutschen Börse neu errechnet und als

Vergleichswert veröffentlicht. Dies ermöglicht einen objektiven Vergleich zwischen den an der Börse gehandelten Kursen und dem fairen Preis für den ETF.

Der Intraday-Handel stellt einen weiteren Vorteil der Exchange Traded Funds gegenüber konventionellen Fonds dar: Wie der Name schon sagt, handelt es sich um Fonds, die den ganzen Tag lang zu Echtzeitkursen (Realtime-Kurse) gehandelt werden können. Bei den traditionellen Fonds hingegen wird der Nettoinventarwert (NAV) nur einmal am Tag ermittelt, was bei schwankenden Märkten ein Hindernis ist. Denn dadurch wissen Sie nie, zu welchem Kurs Sie tatsächlich kaufen bzw. verkaufen.

HOHE FLEXIBILITÄT

Durch die Möglichkeit des Intraday-Handels sind Sie wesentlich flexibler als bei herkömmlichen Investmentfonds. Denn aufgrund des Börsenhandels besteht die Option, auf aktuelle Marktsituationen bzw. -änderungen schnellstens zu reagieren. Je nach Bedarf können Sie beispielsweise Stop-Loss-Orders, Bestens-Orders oder Limit-Orders setzen.

Vor allem für sicherheitsbewusste Anleger, die eine sofortige Orderausführung verlangen, ist dieses wichtige Kriterium mit ETFs erfüllt.

Darüber hinaus eignen sich Exchange Traded Funds für die unterschiedlichsten Anlagestrategien: Egal ob als Core-/Satellite-Strategie, als Hedging-Werkzeug, für Transitions-Management, für Cashflow-Management, als Alternative zu Futures oder ganz allgemein als Teil der taktischen oder strategischen Asset Allocation.

Beispielsweise werden ETFs häufig als Mittel eingesetzt, um sofort in einen Markt investieren zu können. Anstatt zum Beispiel neue Kapitalzuflüsse in Geldmarktfonds oder Futures von Staatsanleihen zu investieren, in einer Zeit, in der Sie zum Beispiel Ihr Portfolio neu ausrichten möchten, können Sie beispielsweise gestreute Investment-Engagements im Industrieanleihenmarkt durch eine Anzahl von ETFs auf Industrieanleihen-Indizes nachgehen.

LEERVERKÄUFE MIT ETFS

Ebenfalls haben Sie die Möglichkeit, auf sinkende Kurse zu setzen und Leerverkäufe zu tätigen, was bei konventionellen Investmentfonds nicht durchführbar ist. Hierbei gilt allerdings zu beachten, dass in Deutschland Leerverkäufe bei den meisten Banken und Brokern nicht möglich sind. Obwohl die Bundesanstalt für Finanzdienstleistungsaufsicht keine Einwände äußert, ergeben sich doch Schwierigkeiten: Die Direktanlagebank beispielsweise möchte es nicht anbieten, da es für den Kunden aus deren Sicht zu riskant sei, die Deutsche Bank bietet es nicht an, da es rechtlich zu komplex sei, die Bayerische HypoVereinsbank hält es für verboten, und die Commerzbank sagt, die Nachfrage sei zu gering. Bei den institutionellen Anlegern sind Leerverkäufe allerdings gang und gäbe.

So bleiben dem Privatanleger derzeit nur noch zwei Möglichkeiten. Die bieten sich bei Europas größtem Discount-Broker Consors und bei der Sino AG in Düsseldorf. Aber selbst dort ist es nicht ohne weiteres möglich. Bei Consors wird die Möglichkeit zum Leerverkauf individuell mit dem Kunden vereinbart. Dafür kommen in der Regel nur Anleger in Frage, die ein Depot von mindestens 50.000 Euro haben und mindestens 100 Wertpapiergeschäfte pro Jahr durchführen. Das Geschäft sei sehr risikoreich, deshalb möchte man erst den Nachweis haben, dass der Kunde über die nötige Erfahrung verfüge. Ähnlich wird das auch von Sino gehandhabt.

Das Risiko von Leerverkäufen besteht darin, dass der ETF steigt, nachdem der Anleger ihn verkauft hat. Hat er beispielsweise 1.000 ETF-Anteile bei einem Kurs von 35 Euro verkauft und auf weiter fallende Kurse spekuliert, dann erzielt er bei einem Kurs von 40 Euro einen Verlust von 5 Euro pro Anteil, also 5.000 Euro Gesamtverlust. Das bedeutet: Bei steigenden Kursen macht er grundsätzlich Verluste. Dies kann er nur unterbinden, indem er den ETF zum höheren Kurs zurückkauft. Damit besteht das große Risiko bei Leerverkäufen darin, dass der Verlust nach oben theoretisch unbegrenzt ist, während beim klassischen ETF-Kauf dieser bei 100 Prozent begrenzt ist – aber nur theoretisch.

HOHE DIVERSIFIKATION

Exchange Traded Funds vereinen die Handelbarkeit einer Aktie mit der Sicherheit eines Portfolios. Denn durch die Anlage in den ganzen Wertpapierkorb, der einem Index zugrunde liegt, können Sie von der damit einhergehenden Risikodiversifikation profitieren. Denn typischerweise verringert sich das titelspezifische Risiko umso mehr, je ausgeprägter die Streuung ist. Das bedeutet allerdings nicht, dass ganze Index-Portfolios nicht ebenfalls, wie andere Wertpapiere auch, schnell an Wert verlieren können.

Diversifikation und Flexibilität lassen sich bei Exchange Traded Funds durch die unterschiedlichen Anlageschwerpunkte, auf die sich die Investoren konzentrieren, sehr gut kombinieren. Im Zuge des Kaufes eines ETFs erzielen Sie mit nur einer einzigen Transaktion den Zugang zu ganzen Märkten. Zum einen entfällt damit teure Research-Arbeit, um mittels Stockpicking die vermeintlich erfolgversprechendsten Werte zu ermitteln, zum anderen reduzieren sich die Transaktionskosten erheblich. Selbstverständlich wäre es auch möglich, alle Titel eines Indexes einzeln zu kaufen, was jedoch wenig effizient wäre und ein hohes Anlagevermögen erfordern würde.

Hinsichtlich der Diversifikation ergeben sich zahlreiche Alternativen. Bezüglich der Anlagebreite lassen sich Zugänge zu einem Broad-Market-Index (z. B. Russell 3000), zu einem Blue-Chip-Index (z. B. DAX) oder zu einem Sektor-Index (z. B. TecDAX) unterscheiden. In Verbindung mit der geographischen Ausrichtung wird zwischen national (z. B. SMI, Schweiz), regional (z. B. DJ EuroStoxx 50, Europa) und global (z. B. MSCI World, Welt) differenziert. Grundsätzlich können Sie aber auch zwischen dem Growth-Ansatz zugehörigen Indizes (z.B. S&P 500/Barra Growth) und dem Value-Ansatz zugehörigen Indizes (z. B. Russell 3000 Value) wählen. Je nach Belieben werden die Anlageschwerpunkte mehrdimensional miteinander kombiniert. So mit erreichen Sie eine hervorragende Streuung in Ihrem Portfolio und senken dadurch Ihr Anlagerisiko erheblich.

HOHE LIQUIDITÄT

Vielen Anlegern ist eine Eigenschaft bei Wertpapieren besonders wichtig: Liquidität, d. h. Wertpapiere schnell in flüssige Mittel, also in Cash bzw. Bargeld, umwandeln zu können.

Exchange Traded Funds sind sehr liquide Finanzinstrumente. Da die mindest handelbare Menge nur ein Stück beträgt, wird eine ständige Liquidität mit einem geringen Spread sichergestellt. Dies bedeutet, dass die niedrige Geld-Brief-Spanne (Spread) unabhängig von der Höhe des Handelsvolumi-nas auf dem Börsenparkett festgesetzt wird. Die mindestens zwei (im Falle der Deutschen Börse) Market Maker (Authorized Participants, Designated Sponsors) garantieren bei allen ETFs eine hohe Liquidität, indem sie perma-nent An- und Verkaufskurse für die Fonds stellen.

Für Sie bedeutet dies, dass alle Ihre Käufe und Verkäufe von ETFs schnell ausgeführt werden können. Vor allem institutionelle Investoren profitieren von der Möglichkeit, auch äußerst große Handelsvolumina in kürzester Zeit platzieren zu können.

Im Falle der Exchange Traded Funds wird die Liquidität auf zwei Wegen gewährleistet: Erstens kommt Liquidität durch den Handel auf dem Sekun-därmarkt einer Börse zustande. Zweitens ergibt sich die Liquidität durch den Creation-/Redemption-Prozess, bei dem ein Market Maker den zugrunde liegenden Aktienkorb auf dem Markt erwirbt und diesen Korb einem ETF hinterlegt. Demzufolge vergrößert sich die Anzahl an Aktien im ETF, und die neu geschaffenen ETF-Anteile liegen für den Sekundärmarkt bereit. Verglei-chen Sie hierzu auch den tieferen Einblick in den Creation-/Redemption-Prozess in Teil B dieses Buches.

Dies impliziert, dass die Liquidität der Aktienkorbbestandteile auf dem Sekundärmarkt bestimmt, wie effizient die Market Maker neue ETF-Anteile kreieren können, was wiederum zur Liquidität der ETFs auf dem Sekundär-markt führt.

HOCHPRÄZISES INDEXTRACKING

Das hauptsächliche Ziel von ETFs ist es, die Performance spezifischer Indizes zu replizieren. Die vorrangige Aufgabe eines ETF-Managers besteht dahingehend im Versuch, den Tracking Error so klein wie möglich zu halten. Als Tracking Error bezeichnet man die Differenz zwischen der Benchmark-Rendite und der Portfoliorendite über einen bestimmten Betrachtungszeitraum. Demzufolge ist der Tracking Error ein Indikator für die Qualität der Benchmark-Nachbildung; ergibt also Aufschluss darüber, ob ein Fondsmanager seine Ziele erreicht hat.

Der Tracking Error kann aufgrund zahlreicher Einflüsse zu Abweichungen von der Benchmark führen: Neben der Handhabung von Gewinnen (Thesaurierung oder Ausschüttung), Handelszeiten, Optimierung und Indexveränderungen sind es vor allem die Kosten und Gebühren, die Einfluss auf den Tracking Error ausüben. Doch die Höhe des Tracking Error ist auch von der verwendeten Replikationsmethode abhängig. Bei Full Replication, also der vollständigen Abbildung eines Index, tendiert der Tracking Error eher zu niedrigen Werten, während beim Representative Sampling, einer Stichprobe des Index, der Tracking Error höher sein kann. Generell kann jedoch gesagt werden, dass der Tracking Error umso geringer ist, je passiver ein Investment verwaltet wird.

Bei Exchange Traded Funds ist es vor allem die schon oben erwähnte niedrige Total Expense Ratio (Verwaltungsgebühren), die gerade mal wenige Basispunkte Abweichung vom Index verursacht. Ebenso fällt kein Aufwand für Optimierungsaktivitäten seitens der Fondsmanager an, da die Benchmark ja nicht übertroffen, sondern nur abgebildet werden soll.

Laut einer Untersuchung über die Tracking Errors der US-amerikanischen Exchange Traded Funds von Morgan Stanley wiesen die amerikanischen Broad-Market-ETFs durchschnittlich gerade mal einen Tracking Error von zehn Basispunkten im Jahr 2002 auf. Allerdings existierten daneben auch Branchen-Fonds wie der iShares Dow Jones US Telecom Sector Index Fund und der iShares Dow Jones US Energy Sector Index Fund, die seit ihrer Einführung auf das Jahr umgerechnet Tracking Errors von 515 bzw. 97 Basispunkten besäßen.

KONSISTENTE PERFORMANCE

Anhänger des passiven Managements stützen sich häufig auf Studien, die belegen, dass es kaum ein Fondsmanager schafft, auf Dauer die Benchmark zu schlagen. Dies impliziert, dass ungefähr 90 bis 95 Prozent aller Fonds auf längere Sicht ihre Vergleichsmaßstäbe nicht erreichen und somit underperformen (lesen Sie hierzu die Ausführungen auf S.18ff.).

Die Aufgabe von passiv gemanagten Exchange Traded Funds ist es hingegen nicht, eine Benchmark zu schlagen, sondern sich gleichförmig mit ihr zu bewegen. Somit stellen ETFs eine Investmentalternative dar, deren Performance sehr nah an der des zugrunde liegenden Indexes liegt (hier sei wieder auf den Tracking Error verwiesen).

Dadurch kann das Risiko schwankender Renditen des Portfolios vermieden werden. Es ist also nicht möglich, dass in einer Periode die Performance des Marktes übertroffen und in der nächsten Periode das Anlageziel verfehlt wird. Demzufolge erreicht man über die Jahre hinweg eine konsistente Performance, die sich stark nach dem Verlauf des Markts bzw. des Index richtet und etwa 95 Prozent aller alternativen Investments in ihrer Rendite outperformt.

ANLEGERSCHUTZ

Im Gegensatz zu einem Index-Zertifikat, das rechtlich eine Inhaberschuldverschreibung darstellt, sind Exchange Traded Funds ein vom Vermögen der ETF-Verwaltungsgesellschaft getrenntes Sondervermögen. Daher besteht bei ETFs kein Emittentenrisiko, während bei Indexzertifikaten im Konkurs des Emittenten ein Totalverlust droht.

ZIELGRUPPEN

Vor dem Hintergrund dieser entscheidenden Vorteile gegenüber üblichen Investmentfonds setzen immer mehr Anleger auf Exchange Traded Funds. Im ersten Halbjahr 2003 stieg ihr tägliches Handelsvolumen im Schnitt um beträchtliche 41 Prozent auf rund neun Milliarden Dollar. Während in den USA rund 120 Milliarden Dollar in 114 ETFs investiert sind, sind in Europa mit 126 ETFs (Stand September 2003) zwar mehr Börsenfonds im Angebot, in ihnen sind jedoch nur rund 16 Milliarden Dollar investiert. Vor allem die Zahl der institutionellen Investoren nahm in den vergangenen zwölf Monaten um 15 Prozent zu.

Aufgrund der breiten Diversifikation sowie der vielfältigen Vorteile und Handelsmöglichkeiten sind ETFs für passive genauso wie für aktive Investoren ein unersetzliches Instrument zur Portfoliooptimierung. Neben den **Privatanlegern,** für die ETFs ein wertvolles Basisinvestment darstellen, zählen zu den wichtigsten Zielgruppen:

- Portfoliomanager,

- Fondsmanager,

- Privatbanken,

- Kreditinstitute,

- Eigenhändler,

- Primärhändler,

- Derivatehändler,

- Pensionskassen,

- Versicherungsgesellschaften,

- Stiftungen,

- Non-Profit-Organisationen,

- Körperschaften des öffentlichen Rechts,

- kirchliche und karitative Einrichtungen sowie

- Unternehmen.

Grundsätzliche Risiken der Fondsanlage

Im Allgemeinen ist im Finanzmanagement unter dem Begriff „Risiko" die Möglichkeit zu verstehen, dass die künftige Rendite einer Anlage von dem Wert abweicht, den der Kapitalanleger aufgrund seiner Informationen erwartet. Risiko ist damit ein Maß für die Sicherheit des Eintritts einer bestimmten Rendite. Es wird hier zwischen dem systematischen und dem unsystematischen Risiko unterschieden.

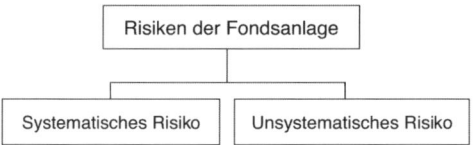

Abb. 26: Risiken der Fondsanlage

Quelle: Rödl & Partner, Köln

Unter **unsystematischem Risiko** ist ein Risiko zu verstehen, das sich nur auf eine bestimmte Anlage bezieht. Deshalb wird dafür häufig auch der Begriff „Titel-spezifisches Risiko" verwendet. Je nach Fondstyp können dies folgende Risiken sein:

Anleihen/Renten:

- Bonitätsrisiko

- Event-Risiko

- Kündigungsrisiko

- Liquiditätsrisiko

- Auslosungsrisiko

Aktien:

- Bonitätsrisiko

- Event-Risiko

- Liquiditätsrisiko

- Veränderungen im Vorstand

- Streiks

Beim **systematischen Risiko** ist nicht nur ein einzelnes Wertpapier, sondern immer eine gesamte Anlagekategorie (z. B. Aktien, Anleihen) gleichermaßen betroffen. Je nach Fondstyp können dies folgende Risiken sein:

Anleihen/Renten:

- Zinsänderungsrisiko

- Währungsrisiko

- Wechselkursrisiko

- Transferrisiko

Aktien:

- Marktrisiko

- Wechselkursrisiko

- Länderrisiko

- Transferrisiko

Wie bereits oben bei den Vorteilen durch die Anlage in Exchange Traded Funds erwähnt, kann das titelspezifische bzw. unsystematische Risiko durch die Anlage in ETFs, die viele verschiedene Wertpapiere enthalten, minimiert werden, wohingegen das systematische Risiko insbesondere bei Ländern oder Branchen-ETFs durchaus erhalten bleibt. Nachfolgend möchten wir auf die grundsätzlichen, mit ETFs in Verbindung stehenden, Risiken der Fondsanlage eingehen:

ALLGEMEINES MARKTRISIKO

Der Wert bzw. die Erträge von Exchange Traded Funds können fallen und steigen – ebenso wie der Wert des Kapitals und der Erträge aus den zugrunde liegenden Wertpapieren. Entsprechend ist es möglich, dass Anleger nicht den gesamten Betrag ihrer Anlage in ETFs zurückerhalten. Die Performance des ETF könnte durch Änderungen der wirtschaftlichen und markttechnischen Bedingungen sowie auf Grund von unsicheren politischen Entwicklungen, geänderten Regierungsstrategien, rechtlichen, steuerlichen und aufsichtsrechtlichen Anforderungen nachteilig beeinflusst werden. Die vergangenheitsbezogene Performance eines Index ist nicht unbedingt maßgeblich für die künftige Entwicklung.

LÄNDERSPEZIFISCHE STEUERLICHE BEHANDLUNG

Die steuerliche Behandlung der Anlage in ETFs kann von Land zu Land unterschiedlich sein. Investoren wird empfohlen, sich durch eigene unabhängige steuerliche Berater fachlich informieren zu lassen. Hierzu verweisen wir auch auf das Kapitel „Steuerliche Behandlung", Seite 27 ff.

WECHSELKURSRISIKEN

Wechselkursrisiken entstehen für Investoren mit einer anderen Landeswährung als dem Euro und in den Fällen, in denen Anlagen in anderen Währungen erworben wurden als dem Euro. Die Währungsproblematik soll anhand eines einfachen Beispiels verdeutlicht werden:

Der Dow Jones Industrial Average Index wird in den USA in Dollar gehandelt. Der Dow Jones Industrial Average Master Unit, ein ETF von Lyxor Asset Management, der diesen Index abbildet, wird an der Stuttgarter Börse in Euro gehandelt.

Fiktive Ausgangswerte sollen folgende sein:

1 Dollar = 0,91 Euro	Stand des DJ Industrial Average:	8.000 Punkte
	Stand des ETF (ceteris paribus):	80 $ =72,80 €

Ceteris paribus können nun folgende vier Situationen eintreten:

1. Index steigt, Dollar steigt

Der Index steigt auf 8.500 Punkte, der Dollar steigt auf 0,95 Euro.

Stand des ETF: 80,75 €

Der Kursgewinn des Index wird durch den steigenden Dollar verstärkt.

2. Index steigt, Dollar fällt

Der Index steigt auf 8.500 Punkte, der Dollar fällt auf 0,85 Euro.

Stand des ETF: 72,25 €

Der Kursgewinn des Index wird (in diesem Fall) durch den sinkenden Dollar überkompensiert. Obwohl der Index steigt, sinkt der Kurs des ETF aufgrund der Währungsproblematik.

3. Index fällt, Dollar steigt

Der Index fällt auf 7.500 Punkte, der Dollar steigt auf 0,95 Euro.

Stand des ETF: 71,25 €

Der Kursverlust des Index kann durch einen Anstieg des Dollars abgeschwächt werden.

4. Index fällt, Dollar fällt

Der Index fällt auf 7.500 Punkte, der Dollar fällt auf 0,85 Euro.

Stand des ETF: 63,75 €

Der Kursverlust des Index wird durch den fallenden Dollar gegenüber dem Euro noch verstärkt.

RISIKEN IN DER ENTWICKLUNG DES SEKUNDÄRMARKTS

Die Entwicklung eines liquiden Sekundärmarktes für ETFs kann nicht garantiert werden. Ebenso kann die dauerhafte Notierung an einer Börse nicht gewährleistet werden.

ANLAGEZIELRISIKO

Es kann nicht garantiert werden, dass bei allen ETFs das Anlageziel, nämlich die exakte 1:1-Nachbildung des jeweiligen Index, erreicht wird. Zum einen könnten höhere Managementgebühren einige Basispunkte kosten und sich somit negativ auf den Kurs des ETFs auswirken. Zum anderen ist bei Anwendung der „Representative-Sampling-Methode" die Chance einer Abweichung vom Index größer als beim „Full-Replication-Ansatz".

INDEXRISIKO / INDEXKRITIK / INDEXART

Das Indexrisiko besteht aus zwei Komponenten: Zum einen kann nicht gewährleistet werden, dass die abgebildeten Indizes auch künftig auf die gleiche Art und Weise berechnet werden. Zum anderen kann auch die Indexzusammensetzung ein Risiko darstellen. Dies könnte die Auswahl einzelner Titel und die Gewichtung einiger Branchen betreffen. Vor allem in schlechten Börsenzeiten kommt die Meinung auf, dass beispielsweise der DAX falsch gewichtet ist und konjunkturresistentere Branchen unterrepräsentiert sind.

Doch spielt auch die Indexart eine Rolle: Preis-Index oder Performance-Index. Bei Performance-Indizes erfolgt die Gewichtung innerhalb des Index nach der Höhe der Marktkapitalisierung. Dies birgt das Risiko des prozyklischen Verhaltens aller Indexfonds. Das heißt, bis ein Aktientitel in einen Index aufgenommen wird, muss er eine gewisse Marktkapitalisierung erreicht haben, was eine Konsequenz aus der erfolgreichen Arbeit eines Unternehmens darstellt. Das Problem, das hieraus entsteht, ist, dass sich der Erfolg nur vergangenheitsorientiert messen lässt und es sein könnte, dass die Aktie ihren Höhenflug bald wieder beenden wird. Bei Preis-Indizes ist der Preis einer

Aktie für ihre Gewichtung innerhalb des Index ausschlaggebend. So kann der Fall eintreten, dass wenige Titel relativ großen Einfluss auf die Kursentwikklung des Index nehmen können.

Capital   **24/2002**

Gütesiegel DAX?

[...]

Woran liegt es, dass der DAX im Nationenvergleich so schlecht abschneidet? Gerade in den Sektoren, welche Aktienindizes wie den Dow Jones oder EuroStoxx 50 in der Aktienbaisse stabilisieren, existieren in Deutschland keine oder nur wenige börsennotierte Konzerne.

„Es gibt zu viele Finanz- und Technologiewerte", sagt Gerhard Grebe, Vorstand der Julius Bär KAG. „Uns fehlen im DAX die defensiven Aktien – Öl- und Nahrungsmittelriesen." Firmen wie BP oder Royal Dutch gibt es hier zu Lande genauso wenig wie Markengiganten von der Größe einer Procter & Gamble. [...] Die Konsequenz: Ist die Wirtschaft in einer Abschwungphase, verliert der DAX stärker als andere Aktienindizes.

[...]

KORRELATION BEI BRANCHEN-ETFS

Alle zugrunde liegenden Indexbestandteile des jeweiligen ETF sind zum Zeitpunkt der Aufnahme in derselben Branche aktiv. Daher weisen die Aktienkurse dieser Unternehmen tendenziell möglicherweise eine höhere Korrelation auf als die von Unternehmen, die nach einer anderen Anlagestrategie ausgewählt wurden – beispielsweise nach geografischer Region oder einer breiter gestreuten Branchenverteilung.

Vor diesem Hintergrund spielt die Frage nach der Korrelation bei Branchen-Indizes eine nicht zu unterschätzende Rolle. Denn da das Anlagespektrum begrenzter und damit auch volatiler ist, können nicht nur die Ertrags-chancen, sondern auch die Risiken hier wesentlich ausgeprägter sein. Der Di-versifikationseffekt wird durch die Konzentration auf eine Branche weitge-hend neutralisiert. Dieser Effekt kann zusätzlich verstärkt werden, wenn innerhalb einer Branche einige Unternehmen über eine starke Marktstellung verfügen und deren Gewichtung innerhalb des Index demzufolge sehr hoch ist. So beträgt beispielsweise beim Dow Jones Euro Stoxx Technology Index das Gewicht des finnischen Mobilfunkriesen Nokia knapp 35 Prozent, bei insgesamt nur 21 Titeln im Index. Die Korrelation käme dann zum Tragen, wenn Nokia z. B. in einen Bilanzfälschungsskandal verwickelt wäre und die Nokia-Werte um mehrere Prozentpunkte nachgäben, was sich aufgrund der starken Gewichtung negativ auf den ganzen Index und damit auf die ganze Branche auswirken würde. Bei aktiv gemanagten Fonds besteht hingegen die Möglichkeit, dass stark konzentrierte Gewichtungen an gesetzlichen Be-schränkungen scheitern.

---

vwd.de   **22. Februar 2002**

ETF/Bei Indexchange steigen die Technologiefonds-Umsätze

Von steigenden Umsätzen im Branchen-ETF Stoxx Technology der INDEXCHANGE AG berichteten Händler der HypoVereinsbank am Freitag. „Es werden verstärkt Korre-lationen gespielt", sagte Bastian Ohta im Gespräch mit vwd. Besonders für Trader seien die Telekom- und Technologiefonds wegen der hohen Volatilität interessant. Allerdings drohe wegen der charttechnischen Situation derzeit „ein Absturz". Der Nemax Ex und der Euro Stoxx Technology wiesen inzwischen eine klare Korrelation auf. [...]

RISIKO VON ETF-SCHLIESSUNGEN

Grundsätzlich kann die dauerhafte Börsennotierung eines Exchange Traded Funds nicht garantiert werden. So kann es geschehen, dass ein ETF zu wenig Assets under Management einsammelt. Dieser Fall tritt oft bei Nischen-/Branchen-ETFs ein. Werden dann die Kosten der ETF-Gesellschaft (für Marketing, Administration, Lizenzgebühren etc.) nicht mehr durch die Managementgebühr gedeckt, kann es dazu kommen, dass die Emittenten diese Exchange Traded Funds schließen.

In Deutschland wurden in 2003 bereits einige ETFs von UBS, UNICO und Merrill Lynch (13 Schließungen, zwei davon hat Barclays übernommen) aus diesem Grund geschlossen. Im Falle einer Fondsschließung ist das Kapital jedoch keineswegs verloren: Entweder wird der ETF zum Nettoinventarwert zurückgekauft und der derzeitige Gegenwert des ETFs in bar ausgezahlt, oder der investierte Betrag wird auf Verlangen in ein anderes ETF-Fondsvermögen der gleichen Gesellschaft kostenlos übertragen.

Abschließend weisen wir darauf hin, dass es wichtig ist, vor der Anlage in bestimmte Exchange Traded Funds die Risikohinweise der jeweiligen Verkaufsprospekte sorgfältig zu lesen und in Ihrer Anlageentscheidung zu berücksichtigen.

Anlagestrategien mit ETFs

Exchange Traded Funds können auf vielerlei Art und Weise verwendet werden; aufgrund der oben erläuterten Vorteile sind sie im Rahmen einer renditeorientierten Portfoliostrukturierung nicht mehr wegzudenken. Private Anleger nutzen Exchange Traded Funds in der Regel als Basisinvestment. Institutionelle Investoren verwenden ETFs beispielsweise für ihr Cashflow- und Risikomanagement. Dieses Kapitel gibt Ihnen einen Überblick über die wichtigsten Strategien und Einsatzmöglichkeiten privater und institutioneller Investoren.

Anlagestrategien

Private Anleger

- Benchmarking
- Core-/ Satellite
- Portfoliodiversifizierung
- Intraday-Trading

Professionelle Investoren

- Kurzfrist-Strategie
- Arbitragegeschäfte
- Liquidität
- Cash-Management
- Investments in fremden Märkten
- Wertpapierfinanzierung
- Futures-Alternative
- Leerverkäufe
- Market Neutral Strategy
- Long-/Short-Strategie
- Hedging
- Anleihen-ETFs

Abb. 27: Anlagestrategien

Quelle: Rödl & Partner, Köln

ANLAGESTRATEGIEN FÜR PRIVATE ANLEGER

Grundsätzlich stellen Exchange Traded Funds für Sie als Privatanleger eine ausgezeichnete Alternative zu herkömmlichen Investmentfonds sowie zur Anlage in Einzelwerten dar. Die unbegrenzte Laufzeit von ETFs gestattet Ihnen, Ihr Portfolio langfristig optimal zu positionieren sowie Ihre Portfoliorisiken dementsprechend zu streuen. Die Anwendungsmöglichkeiten sind vielfältig: ETFs eigenen sich beispielsweise hervorragend für den grundlegenden Aufbau eines gut strukturierten Portfolios oder für taktische Investitionsentscheidungen. Die wichtigsten Anlagestrategien für Privatanleger im Einzelnen:

a) Benchmarking

Wie bereits ausführlich erläutert wurde, sind nur sehr wenige Fondsmanager in der Lage, den Index bzw. ihre Benchmark langfristig und nachhaltig zu übertreffen. Um die Performance Ihres Portfolios in Einklang mit dem zugrunde gelegten Vergleichsindex (Benchmark) zu bringen, müssen Sie nicht mehr auf die Einzelwerte des jeweiligen Index zurückgreifen, sondern können den gesamten Index mit einem einzigen Wertpapier (Exchange Traded Funds) an der Börse handeln.

b) Core-/Satellite-Strategie

Da Exchange Traded Funds vor allem für Privatanleger ein hervorragendes Basisinvestment darstellen, können Sie die Core-/Satellite-Strategie mit ETFs hervorragend umsetzen. Demnach besteht ein Core-/Satellite-Portfolio aus einem relativ festen Kern, der aus indexabbildenden Anlageinstrumenten besteht (Core-Strategie), und einem geringeren Anteil aus flexiblen, aktiv verwalteten Anlagen (Stockpicking), die mit einem höheren Risiko behaftet sind (Satellite-Strategie). Dabei ist die jeweilige Gewichtung des Core-Anteils bzw. des Satellite-Anteils maßgeblich von Ihrer individuellen Risikobereitschaft sowie der allgemeinen wirtschaftlichen Marktlage abhängig. Der Vorteil dieses strategischen Ansatzes liegt vor allem in der Möglichkeit, das Investment nach persönlichen Risiko-Rendite-Anforderungen maßzuschneidern.

In der Regel sind es die hohen Kosten, wie beispielsweise hohe Ausgabe-aufschläge, Managementgebühren und Verwaltungskosten, die Privatanleger von der Anwendung dieser Strategie abhalten. Exchange Traded Funds bieten Ihnen hier eine optimale Lösung. Mit jährlichen Gesamtkosten zwischen 0,25 und 0,5 Prozent können Sie kostengünstig investieren. Anlagerenditen werden nicht mehr durch hohe Management- und Verwaltungskosten aufgezehrt.

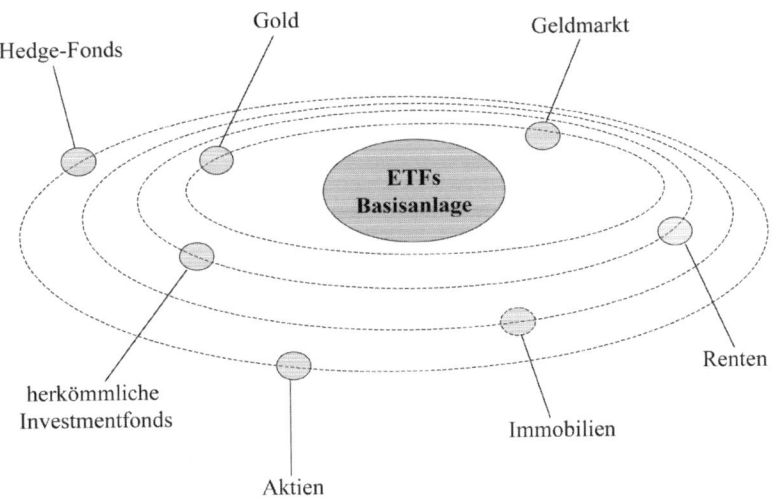

Abb. 28: Darstellung Core-/Satellite-Gedanke

Quelle: Rödl & Partner, Köln

Angewendet auf die Praxis, stellen bei dieser Strategie die Exchange Tra-ded Funds (Core-Instrumente) den Kern des Portfolios dar. Satellite-Instru-mente sind aktiv gemanagte Anlagen beispielsweise in den Anlageklassen Gold, Geldmarkt, Renten, Immobilien, Aktien oder aktive Investmentfonds; sie stellen den geringeren Anteil des Portfolios dar. Die Core-Strategie gibt Ihnen eine gewisse Sicherheit, dass sich die Rendite des Portfolios aufgrund der Satelliten-Investitionen nicht zu weit von der zugrunde gelegten Bench-mark entfernt.

Praxisbeispiele einer Core-/Satellite-Portfolioausrichtung verschiedener Risikoklassifizierungen:

Investments	Strategie	Portfoliovarianten		
		Musterportfolio I „risikoscheu"	Musterportfolii II „ertragsorientiert"	Musterportfolio III „wachstumsorientiert"
Renten Euroland	Core	50%	25%	x
Geldmarkt		25%	10%	5%
Aktien Europa		x	15%	40%
Aktien Welt		x	15%	25%
Renten Osteuropa	Satellite	8%	10%	10%
Aktien Welt		7%	x	x
Umweltbranche		3%	8%	5%
Emerging Markets		3%	8%	10%
Pharma/Gesundheit		4%	9%	5%

Abb. 29: Core-/Satellite-Portfoliovarianten

Quelle: Rödl & Partner, Köln

Für die Basisanlage in einem Portfolio, auch als Kern (Core) des Portfolios bezeichnet, werden ETFs gewählt, die sich auf die großen und breiten Märkte in Europa und den USA konzentrieren. Ihre Aufgabe ist es, das Portfolio zu stabilisieren. Demgegenüber sollen die Satelliten für einen „Renditekick" sorgen. Mögliche Satelliten sind Schwellenländerfonds (Osteuropa, Emerging Markets) oder Branchenfonds (Biotechnologie, Nanotechnologie, Umweltfonds) bzw. Nebenwertefonds/Nischenfonds. Auch bei den Satelliten kann dabei auf ETFs zurückgegriffen werden. Dies hat für Sie den Vorteil, dass Sie immer einen transparenten Überblick, gerade in undurchsichtigen Märkten, über Ihre Investments haben.

c) Diversifizierung des Portfolios

Exchange Traded Funds sind passiv gehandelte Portfolios mit relativ niedrigen Anschaffungs- und Verwaltungskosten. Getreu Ihrer taktischen Asset Allocation können Sie mit ETFs Länder-, Regionen- oder Branchenstrategien durchführen, ohne kostspielige und zeitaufwändige Einzelwerteauswahl vornehmen zu müssen. Ihr Vorteil besteht vor allem darin, dass Sie damit das relative Risiko Ihres Gesamtportfolios reduzieren, andererseits aber die Möglichkeit haben, umgehend auf Marktveränderungen zu reagieren. Auch das aktienspezifische Risiko Ihres Portfolios können Sie mit ETFs verringern. Anstatt einen großen Anteil an Aktien erwerben zu müssen, können Sie ein diversifiziertes Investment in den zugrunde liegenden Index mit einer einzigen Transaktion tätigen.

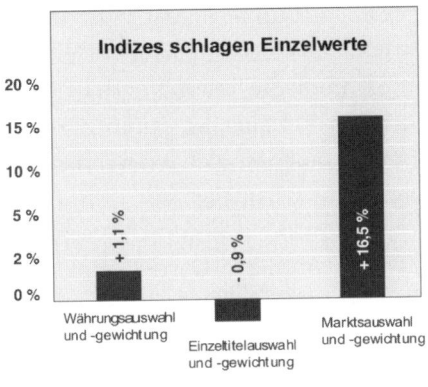

Abb. 30: Performance anhand Auswahl und Gewichtung von Wertpapiermärkten/Einzelwerten

Quelle: Indexchange bzw. The WM Company

Nach dieser Erhebung konnten internationale Investmentmanager von 1983 bis September 2000 eine durchschnittliche Performance von 16,7 Prozent erwirtschaften. Hauptsächlich waren dafür die richtige Auswahl und die Gewichtung von Wertpapiermärkten verantwortlich. Wurde nach Währungen und Währungsgewichtung ausgewählt, konnte im Vergleich dazu lediglich eine Rendite in Höhe von 1,1 Prozent erzielt werden. Portfolios, die mit Hilfe der Einzeltitelauswahl und -gewichtung gemanagt wurden, erzielten sogar eine negative Rendite in Höhe von 0,9 Prozent.

d) Intraday-Trading

Exchange Traded Funds eignen sich hervorragend für kurzfristige Spekulationen auf ganze Marktbewegungen. Wird beispielsweise morgens vermeldet, dass der Dow-Jones-Index um drei Prozentpunkte gestiegen ist, kann in der Regel auch davon ausgegangen werden, dass der DJ-EuroStoxx-50-Index sich tendenziell nach oben bewegen wird. Mit dem Kauf eines DJ-EuroStoxx-50-ETF können Sie an dieser Entwicklung teilnehmen.

Mit Exchange Traded Funds können Sie fortlaufend an der Börse ganze Märkte kaufen und verkaufen. Durch die äußerst vorteilhafte Kostenstruktur und die hohe Flexibilität können Sie auch kurzfristige Handelsstrategien kosteneffizient nutzen. Intraday-Trading ist durch die äußerst schnelle Reaktionszeit auf Marktveränderungen somit jederzeit möglich. Sie können, wie Sie es bei Aktien gewohnt sind, mit Bestens-, Limit- oder Stopp-Aufträgen arbeiten. Die georderten Aufträge werden dabei in Echtzeit ausgeführt.

- Handelszeiten an deutschen Börsen: 9.00 Uhr bis 17.30 Uhr

- Mindestordergröße: 1 Stück

- Währung: Euro

- Börsenplätze: Frankfurt, Stuttgart, Berlin

Seit 3. November 2003 sind die Handelszeiten für ETFs im elektronischen Handelssystem Xetra verkürzt. Während dieser Zeit stellen Designated Sponsors fortlaufend An- und Verkaufskurse zur Verfügung und gewährleisten somit einen liquiden Handel zu effizienten Preisen. Ein Handel nach 17.30 wird künftig auch weiterhin an den jeweiligen Präsenzbörsen (Parketthandel) möglich sein. Im Zuge der verkürzten Handelszeiten auf Xetra wird der indikative Net Asset Value (iNAV) bzw. der faire Wert des ETF von 9.00 Uhr bis 17.30 Uhr an allen Börsentagen von der Deutschen Börse AG berechnet und veröffentlicht.

Weitere Informationen hierzu erfahren Sie unter www.deutsche-boerse.com.

ANLAGESTRATEGIEN FÜR PROFESSIONELLE INVESTOREN

Exchange Traded Funds sind ideale Instrumente für institutionelle Investoren im Rahmen langfristiger und kurzfristiger Investmentstrategien. Besonders für kurzfristige Tradingstrategien oder mittel- und langfristig für das Risiko- und Cashflow-Management sind ETFs sehr wertvolle Anlageinstrumente. Die häufigsten Anlagestrategien und Einsatzmöglichkeiten im professionellen Bereich sind:

a) Kurzfristige Strategien und Trading

Für ein Portfolio, das überwiegend mit Investmentfonds gemanagt wird, können Veränderungen in der Managementphilosophie eines Fondsmanagers entscheidende Auswirkungen auf die ursprüngliche Portfolioausrichtung haben. Wenn beispielsweise der Fondsmanager eines aktiv gemanagten Fonds die Kapitalanlagegesellschaft verlässt, lässt er die Investoren über die künftige Managementphilosophie und die damit verbundene Performance im Ungewissen. Solange der neue Managementstil und die weitere Portfolioausrichtung nicht feststehen, stellen ETFs eine kostengünstige Alternative dar.

Kurzfristig erlauben ETFs zudem eine einfache und effiziente Mittelverwendung. Besonders Vermögensverwaltern ermöglichen ETFs eine effiziente Verwaltung der Liquiditätsströme aus Neu-Zeichnungen und Rücknahmen von Fondsanteilen. Durch ETFs können Barmittel umgehend in flexible Wertpapiere umgewandelt werden. Zudem können Feinsteuerungen des Portfolios vorgenommen und beispielsweise Übergangszeiträume bei einem Wechsel des Fondsmanagers problemlos und effizient überbrückt werden.

Exchange Traded Funds sind außerdem eine ausgezeichnete Alternative zum Handel von ganzen Aktien- oder Rentenkörben. Mit nur einem Papier kaufen Sie ein bestimmtes Index-Portfolio ohne die Transaktionskosten, die beim Kauf des Wertpapierkorbes entstehen würden.

b) Arbitragegeschäfte

Beim Börsenhandel der ETFs spielen die jeweiligen An- und Verkaufsangebote für Arbitrageure eine wichtige Rolle. Wenn der Preis minimal vom fairen Wert abweicht, kann diese Abweichung sofort genutzt werden. Auf diese
Weise wird das Gleichgewicht zwischen Börsenpreis und fairem Wert wieder-
hergestellt. Professionelle Anleger nutzen die Arbitragegelegenheit, wenn sie
die Möglichkeit sehen, Geld zu verdienen, ohne dabei ein zusätzliches Risiko
einzugehen. Bei einer Arbitrage besteht beim gleichen Finanzinstrument eine Kursdifferenz zwischen zwei Fälligkeitsterminen am gleichen Finanzplatz
oder zwischen zwei Finanzplätzen bei gleicher Fälligkeit. Somit kann der Anleger einen Gewinn erzielen, indem er auf einem Markt verkauft und auf einem anderen Markt kauft oder bei einer Fälligkeit kauft und bei der anderen
verkauft.

Ein signifikanter Unterschied zwischen ETFs und klassischen Investmentfonds ist die Tatsache, dass ETFs an einer oder mehreren Börsen gelistet sind.
Um einen reibungslosen Handel an der Börse zu sichern, wurde ein spezieller
Handelsmechanismus zwischen Primär- und Sekundärmärkten entwickelt.
Die Designated Sponsors der ETFs sind der entscheidende Player zwischen
den Primär- und Sekundärmärkten. Designated Sponsors betreiben den fundamentalen Handel und kreieren ETF-Anteile bzw. nehmen sie zurück im so
genannten „Creation-Redemption-Process". Abhängig von Angebot und
Nachfrage für ETF-Anteile erhalten Designated Sponsors ETF-Anteile von
dem Emittenten, der gleichzeitig physische Bestände in der entsprechenden
Gewichtung des Index liefert und umgekehrt. Es gibt keine Cash-Transaktion
zwischen dem Designated Sponsor und dem ETF-Emittenten. Das Minimum
pro Creation-Redemption-Prozess beträgt 50.000 ETF-Anteile.

Anders als bei herkömmlichen Fonds weiß der Investor immer die exakte
Zusammensetzung eines ETFs und seines Indikativen Net Asset Value (NVA).
Diese Daten werden in Echtzeit durch die Deutsche Börse AG (www.xtf.de)
bekannt gegeben.

Durch die hohe Transparenz und den Creation-Redemption-Prozess existieren Arbitrage-Gelegenheiten. Arbitrage kann durch oder über einen De-

signated Sponsor betrieben werden, wenn der ETF-Anteilspreis an der Börse vom ETF abweicht. Arbitragegelegenheiten ergeben sich auch, wenn es Kursunterschiede beim gleichen Produkt in verschiedenen Märkten gibt. Bei ETFs gibt es vier verschiedene Märkte, auf denen das gleiche Produkt, das zugrunde liegt, gehandelt werden kann: Aktienmarkt, Futures-Markt, Optionsmarkt und andere ETF-Märkte.

c) Liquidität

Die Liquidität eines ETF zieht ihren Nutzen aus der Liquidität der zugrunde liegenden Anteile im Index („Creation-/Redemption-Prozess"). Autorisierte Teilnehmer haben das Recht, Fondsmanager mit einem Wertpapierkorb zu beliefern, der mit der Struktur des ETF in Beziehung steht, und erhalten dafür im Gegenzug neu kreierte ETFs zurück.

Die Sekundärmarkt-Liquidität legt daher fest, wie effizient die autorisierten Teilnehmer neue ETFs kreieren können, und dies wiederum bestimmt die Liquidität des ETF im Sekundärhandel. Die enge Beziehung zwischen dem Kurs eines ETF und seinem indikativen Nettoinventarwert (iNAV) wird zusätzlich abgesichert durch einen Arbitragemechanismus, ähnlich der Aktienindex-Arbitrage zwischen Cash- und Futures-Märkten. Wenn zum Beispiel ein ETF über seinem iNAV gehandelt wird, ist dies ein Anreiz für institutionelle Anleger:

- den überbewerteten ETF short zu gehen (zu verkaufen);

- einen Korb zu kaufen, dessen Zusammensetzung zur Struktur des ETF oder seines zugrunde liegenden Index in Beziehung steht (ein so genannter Creation-Korb);

- den Wertpapierkorb gegen neu kreierte ETFs zu tauschen (durch eine Korb-Creation-Transaktion) und damit die Short-Position mit einem Profit abzuschließen.

Dieser Prozess, der auf dem so genannten Creation-/Redemption-Modell basiert, führt zur Kreation von neuen ETF-Anteilen und damit einer erhöhten Lieferung in den Sekundärmarkt, wo schließlich die Prämie auf den ETF-Kurs gegen den NAV eliminiert wird.

Sollten Institutionelle die Nachfrage nach ETF-Anteilen verstärken, werden neue Anteile auf die gleiche Weise geschaffen. Angesichts des Hauptaugenmerks, das viele institutionelle Anleger auf die Handelseffizienz legen, wird eine Anzahl von größeren Geschäften außerbörslich getätigt, was einen noch besseren Abgleich zwischen der Liquidität und dem zugrunde liegenden Markt ermöglichen kann.

d) Cash-Management

Häufig halten Fondsmanager von Publikumsfonds einen Cash-Puffer in Höhe von bis zu fünf Prozent des Fondsvolumens bereit, um dem Abfluss von Fondsanteilen wirksam gegensteuern zu können. Andererseits können Zuflüsse einen Cash-Saldo generieren, der die gewünschte Portfoliogewichtung überschreitet. In beiden Fällen ist ein wirkungsvoller Weg zur Minimierung des Performanceverlustes, der aus dem Halten der Cash-Position anstatt Wertpapieren resultiert, der Kauf eines Exchange Traded Fund.

Bezüglich der Liquiditätsbewertung hat beispielsweise die Deutsche Börse AG eine Methode entwickelt, die die Liquidität auf der Basis implizierter Transaktionskosten misst. Daten über die Marktbreite (Volumen), die Markttiefe (Orderbuch) und die Verfügbarkeit von Liquidität werden in einem Liquiditätsmesssystem aggregiert. Das Liquiditätsmesssystem zeigt die Transaktionskosten in Basispunkten für das im Chart notierte Volumen. ETFs werden vor allem im täglichen Liquiditätsstrommanagement genutzt, um auf aktuelle Volatilitäten zu reagieren.

ETFs sind zudem leicht handelbare „Low-cost-Engagements" in der gewünschten Anlageklasse oder in einem bestimmten Marktsegment. Ein in europäische Blue Chips investierender Fondsmanager könnte in einen den DJ EuroStoxx 50 nachbildenden ETF investieren, um sicherzustellen, dass sich der aktiv gemanagte Fonds im Gleichschritt mit dem Markt bzw. der Benchmark befindet und zugleich relativ einfach Liquidität schaffen. Im Falle von Fondsabflüssen können ETF-Anteile zur Erhöhung des Cash-Bestandes leicht verkauft werden, ohne gleich bestimmte Aktienpositionen verkaufen zu müssen.

Cash-Bestände professioneller Investoren können so problemlos in ETF-Positionen umgewandelt werden, um der Benchmark-Performance eng zu folgen. Dies kann beispielsweise auch ein kurzzeitiges Investment einschließen mit dem Ziel, eine bestimmte Cash-Verzögerung oder ein Benchmark-Risiko zu minimieren, bis der Investor entscheidet, welche Aktien gekauft werden sollen, oder eine bestimmte Aktie den angestrebten Kaufpreis erreicht hat.

Für das Finanzmanagement von Unternehmen eignen sich Exchange Traded Funds hervorragend für die Verwaltung der Liquiditätsüberschüsse, vor allem weil die am gleichen Tag erfolgenden Transaktionen nicht belastet werden.

e) Investments in fremde Märkte

Wenn Investoren ihr Portfolio gut diversifizieren wollen, müssen sie in spezielle Länder, Branchen oder Regionen investieren, die ihnen oftmals nicht so bekannt sind, dass ohne weiteres fundierte Anlageentscheidungen getroffen werden könnten. Beispielsweise könnte dies bei einem Portfoliomanager der Fall sein, der zwar bestrebt ist, die Rendite seiner Kassenbestände zu erhöhen, aber keine Expertise im Anleihenmarkt hat. Oder bei einem Manager eines internationalen Portfolios, der sein Asien-Engagement weiter ausbauen möchte, aber keine kostspieligen Research-Analysen für spezielle asiatische Aktien in Auftrag geben möchte. In beiden Fällen würde der Kauf eines geeigneten ETF die Lösung bieten. Der Portfoliomanager kann mit dem Einsatz von ETFs schnell und völlig unkompliziert Alternativen bilden. Die mit den ETFs verbundene Portfoliodiversifikation ist zudem ein klarer Vorteil gegenüber der Auswahl von einigen wenigen, schlecht recherchierten Werten in unbekannten Märkten. ETFs sind hierbei ideale Investmentinstrumente für eine langfristige Buy-and-Hold-Strategie.

f) Wertpapierfinanzierung

Exchange Traded Funds werden auch im Aktienfinanzierungsbereich entdeckt. Dies allerdings nur unter dem Vorbehalt, dass die OTC-Derivate-Fähigkeit vorliegt – der Tausch eines ETF gegen Cash. Der Besitzer eines ETF kann somit seinen ETF-Bestand effektiv als Absicherung in einem Finanzgeschäft nutzen. Hierbei hat das Swapping eines großen, breit gefächerten ETFs gegenüber dem Swapping der einzelnen Komponenten einen entscheidenden Vorteil: Ein Swap mit allen Portfoliokomponenten verlangt von den beiden Handelspartnern, dass jede Dividende des zugrunde liegenden Korbs zu buchen ist. Angenommen, viele Aktiengesellschaften würden Quartalsdividenden zahlen, ist der Swap einer Aktienfinanzierung auf Portfoliobasis verwaltungsmäßig sehr komplex und kostenintensiv. Im Gegenzug dazu ist das Swapping eines ETF mit äußerst wenig zu verbuchenden Dividenden pro Jahr sehr einfach.

g) ETFs als Futures-Ersatz

ETFs bilden eine sehr interessante Alternative zu Futures-Positionen. Ein wesentlicher Unterschied zwischen diesen beiden Investments besteht in der Kostenstruktur. ETFs werden mit einer Verwaltungsgebühr belastet, beim Futures-Handel entstehen Roll-over-Kosten. Während die Verwaltungsgebühr auf einer anteiligen Basis erhoben wird und keine unerwarteten Komponenten beinhaltet, muss eine Futures-Position in die nächste Laufzeit „gerollt" werden („roll-over"). Hieraus ergeben sich unbekannte Ex-ante-Kosten und -Profite (Kalender-Spreads). Da Futures in Kontrakten dargestellt werden, benötigt ein Futures-Käufer zwei Komponenten, um sich der Charakteristika der zugrunde liegenden Benchmark anzupassen, nämlich die Futures-Position in Kontrakten und eine Cash-Position.

Die Vorteile der ETFs gegenüber den Futures liegen auf der Hand: ETFs sind direkter und hinsichtlich Finanzbuchhaltung, Überwachung und Performancemessung den Aktien ähnlich. Beim Handel mit ETFs ist kein gesondertes Futures-Konto notwendig. Darüber hinaus gibt es für ETFs keine Mindestkontraktgröße, was wiederum den Vorteil hat, dass kleinere Cashflows leichter und präziser gehandelt werden können.

ETFs sind vor allem für Asset-Manager interessant, denen durch bestimmte Reglements die Verwendung von Futures-Positionen nicht gestattet ist. Oft ist es auch der Fall, dass Investoren in bestimmte Märkte investieren wollen, in denen keine handelbaren Futures verfügbar sind. Hier stellen ETFs wertvolle Alternativen dar.

h) Leerverkäufe

Mit der Leerverkaufs-Möglichkeit (short sale) sind ETFs das perfekte Mittel für einen breiten Bereich von Bedürfnissen des Kapitalmarkts. Short-selling erlaubt, Marktteilnehmern Long-/Short-Strategien zu ermöglichen und sowohl auf fallende Märkte als auch auf Arbitrage-Strategien in Primär- und Sekundärmärkten zu spekulieren sowie längerfristige Positionen in Aktien schnell und kosteneffizient abzusichern.

Beispielsweise ist der Nasdaq 100 ETF „QQQ" mit einem gemanagten Vermögen von mehr als 20 Mrd. US-Dollar zum weltgrößten ETF geworden. Mit einem durchschnittlichen Handelsvolumen von 2,2 Mrd. US-Dollar pro Tag ist der QQQ der meistgehandelte Exchange Traded Fund weltweit. Eine der Ursachen für diesen erstaunlichen Erfolg von QQQ ist die Tatsache, dass rund ein Drittel der offen stehenden ETF-Anteile von den Anlegern short verkauft werden. Langfristig orientierte Anleger haben dabei den Vorteil, die Verwaltungsgebühren durch das Ausleihen von ETF-Anteilen deutlich reduzieren zu können. Deshalb hat sich die Möglichkeit, ETF-Anteile short zu gehen (zu verkaufen), als einer der herausragendsten Produktvorteile erwiesen, die für den großen Erfolg von ETFs in den USA verantwortlich sind.

i) Market Neutral Strategy

Bei der „Market Neutral Strategy" wird die Langzeitposition eines Marktes, zum Beispiel DJ EuroStoxx 50, DAX, Dow Jones Industrial Average, DJ Stoxx 600 Banks oder MSCI Europe, neutralisiert, indem ETFs verkauft werden (shorting). Gleichzeitig kauft der Anleger einen bestimmten Sektor oder einzelne Aktien, um sich eine Outperformance zuzulegen. Der Erfolg der Strategie hängt von der Entwicklung des Spreads zwischen Index und Sektor bzw. einzelner Aktie ab und weniger von der absoluten Index-Entwicklung.

j) Long-/Short-Strategie

Die Long-/Short-Strategie (Kauf- und Verkauf verschiedener Branchen-ETFs) ist der Market Neutral Strategy sehr ähnlich. Hier wird die Long-Position durch eine Short-Position finanziert. Aber während die Market Neutral Strategy versucht, eine gewisse Performance in Bezug zur Benchmark zu erreichen und das Marktrisiko abgesichert ist, zielt die Long-/Short-Strategie darauf ab, den absoluten Return zu verdienen.

Der absolute Return ist die Summe aus der positiven Entwicklung der Long-Positionen und der negativen Entwicklung der Short-Positionen in den entsprechenden zugrunde liegenden Indizes. Beispielsweise sind seit Mitte April 2003 der STOXX-600-Retail-Index gestiegen und der STOXX 600 Food & Beverage-Index gefallen. Investoren, die den DJ-STOXX-600-Food & Beverage-Index verkauften und mit dem erhaltenen Kapital den DJ-STOXX-600-Retail-Index kauften, konnten von dieser Situation profitieren.

k) Hedging

Nicht nur für Handelsstrategien, sondern auch für Hedging-Zwecke sind ETFs ein ideales Instrument. Ein Anleger, der beispielsweise eine Long-Position im Bestand hält, möchte sein Portfolio gegen fallende Kurse absichern, ohne aber dabei seine Aktien verkaufen zu müssen. Hauptgrund für Hedge-Transaktionen ist die Vermeidung von Markteinflüssen und anderer Transaktionskosten, die durch den Verkauf der Bestände initiiert werden. Der Anleger kann seine Position leicht dadurch absichern, indem er eine Gegenposition eröffnet und damit sein „Delta exposure" neutralisiert. Der Leerverkauf (Short-selling) von ETFs ist eine attraktive Alternative zur Implementierung von Futures. Die relativ kleine Stückelung der ETF-Anteile erlaubt eine weitaus präzisere Portfolio-Absicherung, als dies mit der Nutzung von Futures der Fall ist.

l) Anleihen-ETFs

Die Einführung allgemeiner und Fälligkeitsanleihen-ETFs eröffnet einige interessante Strategiespiele. Der Anleihen-ETF hat eine Reihe von Vorteilen gegenüber konkurrierenden Handelsmechanismen. Beispiel: Vor der Einführung des Anleihen-ETF konnte jeder Anleihen-Fondsmanager sein Portfolio nur absichern, indem er Instrumente wie Swaps, FRAs oder Bund Future nutzte.

Die Verwendung von OTC-Kontrakten (SWAPS etc.) eröffnet Kreditgegenwertrisiken; und wenn man den Bund Future handelt, ist nur ein Handel gegen den billigsten Lieferanten effektiv. Durch die Nutzung eines Renten-ETF in einem Short-Handel wird die Transaktion sicherer (wenig Risiko, nur geringe Absicherungsverpflichtungen), und das Geschäft deckt den vollen Rentenindex ab, also einen vollen Anleihenkorb.

Wegen der Transparenz des ETF und der Informationen, die durch die ETF-Anbieter geliefert werden, ist die volle Anleihenlaufzeit und -beschaffenheit bekannt. Deshalb kann ein Anleihen-Portfolio durch eine Modellanalyse angepasst werden, um die potenzielle Verbindlichkeitsstruktur durch die Nutzung eines ETF besser anzupassen. Der Ersatz für physische Operationen wird genauso verfügbar sein wie für andere ETF-Produkte. Dies hilft ferner bei Cash-Überleitungs-Operationen.

Anleihen-ETFs bieten dem Investor verschiedene neue Leistungsmerkmale und Vorteile, von denen er auf unterschiedliche Art und Weise profitieren kann:

1. Sofortiges Industrieanleihen-Markt-Engagement

ETFs werden häufig als ein Mittel genutzt, mit dem man ein sofortiges Engagement in einem Markt bekommen kann. Anstatt neue Kapitalzuflüsse in Geldmarktfonds oder Staatsanleihen zu investieren – zu einem Zeitpunkt, da man Investmententscheidungen trifft oder auf Neuemissionen wartet –, kann ein Portfoliomanager gestreute Engagements im Kreditmarkt durch spezielle Anleihen-ETFs vornehmen.

2. Makroansichten ohne Aktienselektion realisieren

ETFs sind ein nützliches Werkzeug, um positive oder negative Erwartungen in Kreditmärkten zu realisieren – ohne dabei diese Makroansichten in individuelle Schuldneremissionen umsetzen zu müssen. ETFs können in einem Staatsanleihen-Portfolio gehalten werden, um eine gestreute Kreditmarktneigung zu gewinnen, oder können verkauft werden, um ein Engagement im Kreditmarkt zu decken. Wie bereits erwähnt, nutzen viele Investoren ETFs innerhalb von Long-Short-Strategien oder im Margenhandel, um Makroansichten zu realisieren. Beispielsweise Euroschuldverschreibungen gegen Staatsanleihen-Futures.

3. Core-/Satellite-Strategie

Da ETFs liquide und kosteneffektiv handelbar sind, macht sie dies zu effizienten Hedging- und Diversifikations-Werkzeugen. Beispiel: Wenn ein Portfoliomanager eine kurzzeitig negative Erwartung an den Kreditmarkt hegt oder ein Portfolio absichern muss, kann er einen ETF verkaufen, um das Kreditengagement zu reduzieren. Dies ist wesentlich einfacher und kostengünstiger als der Abbau eines sorgfältig geplanten Industrieanleihen-Portfolios mit, anschließendem Rückkauf der Anleihe, wenn die Absicherung aufgehoben wird. Bei Portfolios, wo Short-selling nicht erlaubt ist und man ein Paket haben muss, das man verkaufen kann, kann eine teilweise Streuung in ETFs langfristig zu Einsparungen bei den Transaktionskosten und einer Zeitersparnis für den Manager führen.

4. Vergleich: ETFs vs. direkt gehaltene Industrieanleihen

ETFs auf festverzinsliche Wertpapiere haben verschiedene Vorteile. Hierzu folgendes Beispiel: Ein Investor, der versucht, 15 Millionen Euro in unterschiedliche Anleihen zu investieren, würde mit relativ kleinen Beträgen handeln, was wiederum zu höheren Transaktionskosten führt. Mit dem Kauf eines ETF würde er dies vermeiden, denn er würde dann nur in ein einziges Wertpapier mit breiter Diversifizierung investieren.

Darüber hinaus kann ein Investor, der versucht, ein großes Investitions-Engagement einzugehen, nicht immer die Liquidität finden, die dies unterstützt, besonders dann, wenn keine Neuemission auf dem Markt ist. Anleihen-ETFs haben die Kapazität, sehr große Transaktionen schnell, leicht, effizient und konsistent zu unterstützen. Das ETF-Portfolio wird so gemanagt, dass es eins zu eins dem Index folgt. Abhängig von der Größe der Investitionssumme könnte die Nachbildung des Index mit Einzelwerten sehr teuer werden – auch hinsichtlich der benötigten Zeit, das Portfolio zu managen, sowie der Angebots-/Nachfragespanne, die wahrscheinlich niemand übernehmen würde.

ETF-Innovationen

Seit einigen Monaten findet das Thema Exchange Traded Funds eine immer größere Beachtung in der Finanzszene. Vor allem Privatanleger werden durch die kontinuierliche Berichterstattung der Medien jetzt intensiv an dieses innovative Anlageprodukt herangeführt.

Der europäische ETF-Markt ist zwar wesentlich später gestartet und befindet sich, im Vergleich zu den USA, noch in der Aufbauphase. Bereits nach den ersten drei Jahren ist jedoch eine dynamischere Entwicklung als in den USA, dem Mutterland der ETFs, zu beobachten. Eine Tatsache, die in den kommenden Jahren vor allem eines erwarten lässt: stark anhaltendes Wachstum, untermauert mit immer mehr Produktneuheiten. Produktlancierungen auf Basis der wichtigsten nationalen und europäischen Indizes sind weitgehend abgeschlossen. In Folgeschritten wird die Produktpalette derzeit um weitere ETFs auf andere Basiswerte ergänzt.

Dieses Kapitel gibt Ihnen einen Einblick in die neuesten Produkt-Innovationen der ETF-Szene per Oktober 2003.

BÖRSENGEHANDELTE RENTENFONDS UND UNTERNEHMENSANLEIHEN

Anleger, die Rentenpapiere in ihrem Portfolio bevorzugen, hatten bisher keine Möglichkeit, diese Anlageklasse mit einem transparenten ETF abzudecken. Nach den erfolgreich platzierten Aktien-ETFs lag es deshalb auf der Hand, auch börsengehandelte Fonds ins Leben zu rufen, welche die Entwicklung der Rentenmärkte exakt nachvollziehen. Im Februar 2003 wurde dann der erste börsengehandelte Rentenfonds am Markt platziert. Möglich machte dies die eb.rexx-Familie, eine neue Art von Indizes. Sie wurde von der Deutschen Börse gemeinsam mit der INDEXCHANGE Investment AG aus München entwickelt und umfasst die 25 liquidesten deutschen Staatsanleihen mit einem Volumen von derzeit etwa vier Milliarden Euro und einer Restlaufzeit zwischen 1,5 und 10,5 Jahren.

Dass Renten-ETFs erst etwa zweieinhalb Jahre nach dem Start des ETF-Segmentes angeboten werden, liegt hauptsächlich daran, dass die Abbildung eines Rentenindex schwieriger ist als die eines Aktienindex. So basieren herkömmliche Rentenindizes oft nicht auf handelbaren Kursen eines Anbieters, sondern auf so genannten indikativen Kursen. Beispielsweise wird der Rentenindex „Lehmann Brothers Aggregate Bond" nur mit Hilfe der Anleihenkurse der Investmentbank Lehmann Brothers berechnet. Lehmann Brothers und andere Rentenindex-Anbieter sind aber nicht verpflichtet, eine Anleihe auch zu dem Kurs anzubieten, der in die Berechnung ihrer Indizes einfließt. Die Folge sind mögliche Bewertungsunterschiede zwischen dem Index und dem ETF. Das Ziel, mit einem ETF den zugrunde liegenden Index möglichst eins zu einer nachzubilden, wird dadurch erheblich erschwert.

INDEXCHANGE hat gemeinsam mit der Deutsche Börse AG dieses Problem gelöst, indem mit dem Index „eb.rexx Government Germany" eine neue Indexfamilie in Leben gerufen wurde. Das Innovative an dieser eb.rexx-Familie ist, dass die Grundlage der Berechnung des Indexstandes die tatsächlich zu Stande gekommenen Kurse auf der Handelsplattform Eurex Bonds ist. Die Liquidität der den eb.rexx-Indizes zugrunde liegenden Anleihen wird durch 14 Market Maker auf der Handelsplattform Eurex Bonds gewährleistet. Die Market Maker stellen laufend An- und Verkaufskurse zur Verfügung. Auf alle Quotierungen bestehen Liefer- und Abnahmeverpflichtungen. Dies macht den besonderen Unterschied zu bereits existierenden Renten-Indizes aus, denn diese beruhen auf Kursen institutioneller Häuser und enthalten keine Handels- oder Lieferverpflichtung. Sie haben damit lediglich indikativen Charakter.

Bisher war der REX als Rentenindex gebräuchlich. Dieser bietet aber lediglich einen repräsentativen Ausschnitt des deutschen Rentenmarktes, da er anhand von 30 idealtypischen Anleihen einmal täglich auf Basis der Kassakurse an der Frankfurter Wertpapierbörse berechnet wird. Zudem bieten die eb.rexx-Indizes durch die Preisrelationen zwischen Anleihen, Indizes und den ETFs die Möglichkeit zur Arbitrage. Dies wiederum führt zu einer fairen Peisgestaltung.

Mit den börsengehandelten Rentenfonds auf Basis der eb.rexx-Indizes konnte somit eine zweite Generation von ETFs starten. Inzwischen sind von der

INDEXCHANGE vier solcher Renten-ETFs aufgelegt worden, die sich lediglich durch verschiedene Laufzeiten unterscheiden.

Ein weiteres Highlight in diesem Bereich bietet iShare, ein Tochterunternehmen von Barclays. iShare bietet mit iShare iBoxx Ä Liquid Corporates einen ETF für Unternehmensanleihen an, der den iBoxx Ä Liquid Corporates Index nachbildet. Dieser Index besteht aus den 40 liquidesten europäischen Unternehmensanleihen, die derzeit mit einem S & P-Rating von mindestens BBB versehen sind. Das Emissionsvolumen darf dabei nicht unter einer Milliarde Euro liegen, die Restlaufzeit muss länger als 1,5 Jahre sein. Den iBoxx-Rentenindizes liegen konsolidierte Preise zugrunde. Dazu werden die Durchschnittspreise der Anleihen bei den sieben an iBoxx beteiligten Investmentbanken ermittelt. Diese sieben Banken haben sich verpflichtet, fortlaufend aktualisierte Anleihepreise aus ihren Handelssystemen an iBoxx zu senden. Auch hier besteht für die Investmenthäuser die Verpflichtung, zu dem Kurs, der in den Index einfließt, eine Anleihe anzubieten.

Alle diese fünf Rentenfonds sind passive ETFs und bieten die von ETFs auf Aktienindizes bekannten Vorteile. Allen voran zählen hierzu die größere Transparenz, Flexibilität und die niedrigeren Kosten durch den Verzicht auf ein aktives Fondsmanagement. Deshalb betragen die jährliche Managementgebühr des iShares mit 0,2 und die des eb.rexx von der INDEXCHANGE mit 0,15 Prozent jeweils nur rund ein Drittel der Gebühr, die vergleichbare aktiv gemanagten Renten- und Unternehmensanleihefonds in Rechnung stellen. Vor allem bei Rentenfonds spielt die Höhe der Gebühren eine ganz entscheidende Rolle, da die Performanceunterschiede unter den Rentenfonds oft geringer sind als unter den Aktienfonds. Hohe Managementgebühren sind einer der Hauptgründe, warum viele Rentenfondsmanager ihre Benchmark nicht übertreffen.

a) Der Handel mit Renten-ETFs

Der Handel mit Renten-ETFs kann auf zwei Arten geschehen: einerseits direkt im Freiverkehr über Primärhänder (OTC-Geschäft), andererseits über Makler an der Börse. Institutionelle Investoren werden vermutlich weiterhin im Freiverkehr über ihre gewohnten Händler ihre Orders platzieren. Privatanleger können ETFs auch an der Börse handeln.

Als Portfolio-Instrument bieten Renten-ETFs den Investoren viele Einsatzmöglichkeiten. Darunter zählen vor allem:

- Sofortiges Marktengagement für Cashflows;

- Branchenübergreifende Portfolio-Strukturierung;

- Hedge-Strategien;

- Long-/Short-Strategien;

- Buy- and Hold-Strategien;

- Übergangsinstrument;

- Core-/Satellite-Strategien.

Der hauptsächliche Vorteil für Anleger liegt in der Fähigkeit, diversifizierte Positionen in ganzen Indizes oder Unterindizes bei manchen Abschlüssen einzunehmen. Statt beispielsweise 100 Anleihen bzw. Aktien zu kaufen und Kuponzahlungen bzw. Dividendenzahlungen zu verwalten, tätigen Investoren einen einzigen Kauf und haben nur eine Anlage zu verwalten.

Dabei ist eine der grundlegendsten Handelsstrategien von Exchange Traded Funds vor allem unter Institutionellen die Unterteilung von diversifizierten Anlagen in Portfolios nach dem Core-/Satellite-Prinzip. Die größten Abnehmer der indexierten Anlageprodukte in den USA sind aktive Anleger, die diversifizierte Core-Anteile erstellen möchten, mit denen sie Mehrwert schaffen können. ETFs sind für lang- oder kurzfristige Termingeschäfte konzipiert und dabei weitaus einfacher zu verstehen und zu verwalten als die Derivate.

Fondsmanager im Makro-Hedge-Bereich, deren hauptsächliche Quelle für Outperformances im Antizipieren makroökonomischer Veränderungen der Wirtschaftssysteme besteht, können beispielsweise ihre Strategien durch eine Reihe von ETFs realisieren, die Länder, Regionen, Wirtschaftssektoren und – mit Renten-ETFs – Schwankungen bei Zinsertragskurven abdecken.

Durch die hohe Liquidität, die Tagespreisbildung und die mögliche Deckung von Indizes-Teilmengen sind ETFs auch für kurzfristige, branchenspezifische Handelsstrategien von zum Beispiel weniger systematischen Trend-Managern geeignet. Unabhängig von den oben genannten Kostenvorteilen sind Renten-ETFs zudem eine effektive und effiziente Alternative zu Termingeschäften, OTC-Derivaten und mittelfristigen Schuldverschreibungen.

b) Beispiel

Die Berechnung und Veröffentlichung von Indexanlagen der Deutschen Börse AG ermöglicht einen transparenten Vergleich von Portfolios und Indizes. Ein äußerst interessanter Vergleich lässt sich beispielsweise zwischen dem Kurzläufer-Rentenindex eb.rexx Government Germany 1.5 bis 2.5 und Geldmarktfonds durchführen. Der Index enthält aktuell zehn festverzinsliche Anleihen der Bundesrepublik Deutschland mit einer Restlaufzeit von 1,5 bis 2,5 Jahren.

	eb.rexx Government Germany 1.5 bis 2.5 Index	Geldmarktfonds
Restlaufzeit in Jahren	1,5 bis 2,5 Jahre	Max. 1 Jahr (bei festverzinslichen)
		Alle Laufzeiten (bei variabel verzinslichen Papieren, wenn mindestens einmal jährlich Anpassung an Marktzins stattfindet)
Art der Wertpapiere	AAA-Rating	Diverse, auch Unternehmensanleihen
	Staatsanleihen	
	Bundesobligationen	
	Schatzanweisungen	
Risiko	Zinsänderungsrisiko	Zinsänderungsrisiko
		Kontrahentenrisiko (credit risk) bei Unternehmensanleihen

Abb. 31: Risiko-Ertragsprofil des eb.rexx Government Germany 1.5 bis 2.5 vs. Geldmarktfonds

Quellen: INDEXCHANGE, Rödl & Partner, Köln

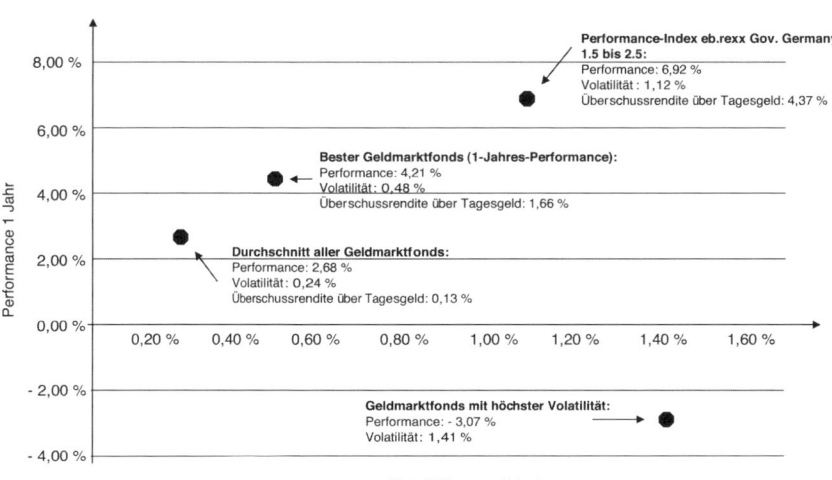

Abb. 32: Risiko-Ertragsprofil des eb.rexx Government Germany 1.5 bis 2.5 vs. Geldmarktfonds Euro

Quellen: Deutsche Börse AG, Feri Trust, INDEXCHANGE, Rödl & Partner, Köln

Datengrundlage:

- Volatilität: annualisierte Standardabweichung von monatlichen Erträgen

- Performance (Total Return): ein Jahr per 30. April 2003

- Geldmarktzins: Tagesgeld (Euro) unter Banken: 2,55 Prozent, Stand: 16. Mai 2003

Der Kurzläufer-Rentenindex schneidet im Vergleich zu Geldmarktfonds nach Ertrags- und Risikogesichtspunkten sehr erfolgreich ab. Mit einer etwas höheren Restlaufzeit und Schwankungsbreite konnten innerhalb eines Jahres knapp sieben Prozent Performance erzielt werden. Ähnlich der Sharp Ratio – allerdings unter Vernachlässigung der Volatilität, da nahe bzw. kleiner 1 und somit nicht aussagekräftig – wird die Überschussrendite über dem Geldmarktzins (Tagesgeld unter Banken) herangezogen. Diese lag am 16. Mai 2003 bei 4,37 Prozent und wies somit die beste Rendite aus – unter dem Blickwinkel des Total Return ein exzellentes Ergebnis.

Es wird deutlich, dass der Kurzläufer-Rentenindex eb.rexx Government Germany 1.5 bis 2.5 eine veritable und bezogen auf das Risiko relativ risikoarme Alternative darstellt. Es spricht vieles dafür, diese Benchmark mit einem handelbaren Produkt in Form eines ETF nachzubilden, das im Vergleich zu Geldmarktfonds keinem Kontrahentenrisiko (credit risk) im Sondervermögen ausgesetzt ist, sondern nur Triple-A-Wertpapiere (AAA-Rating) enthält. Wie die oben abgebildete Grafik zeigt, sind durchaus auch negative Erträge bei Geldmarktfonds möglich.

c) Ausblick:

Ob sich börsengehandelte Rentenfonds im weltweiten ETF-Markt etablieren können, ist noch offen. Ein Blick in die USA zeigt, dass das Volumen derzeit zwar bei etwa vier Milliarden Dollar liegt, allerdings gut ein Jahr nach dem Start der ersten Renten-ETFs lediglich noch vier Fonds am Markt sind. Die Gesellschaft ETF-Adviser hat bereits sieben Monate nach Emission ihrer vier Renten-ETFs diese wieder geschlossen.

Aufgrund des generell konservativen Anlageverhaltens der deutschen Anleger ist diese Entwicklung hier zu Lande nicht zu erwarten.

Die Entwicklung von ETFs auf bekannte Rentenindizes dürfte nach wie vor schwierig bleiben. So sind viele Indizes, wie beispielsweise der Salomon World Government Bond mit rund 640 Einzeltiteln, zu groß für eine exakte Nachbildung mit ETFs. Das alternative „Sampling"-Verfahren ist auch keine ideale Lösung. Dabei wählt der Fondsmanager lediglich einen Bruchteil der Anleihen eines Index aus, deren Entwicklung den Verlauf des gesamten Index möglichst gut widerspiegeln soll. Was bei Aktien möglich ist, ist bei Rentenindizes aufgrund der größeren Zahl von Einflussfaktoren, wie zum Beispiel Laufzeit der jeweiligen Anleihen, derzeit unmöglich.

Vor diesem Hintergrund eignen sich daher nur relativ kleine Indizes, deren Anleihen zudem ausreichend liquide sind. Bei Staatsanleihen ist das kein Problem, ganz anders bei High Yields. Ein weiterer Aspekt ist die Liquidität der Anleihen. Diese sollte immer sehr gut sein, denn sonst könnte die Spanne zwischen Angebot und Nachfrage zu groß werden und die Marktbewertungen verzerren. Im „worst case" ist eine Anleihe nicht mehr handelbar, da kein Angebot bzw. keine Nachfrage mehr besteht. Wird diese Anleihe dann nicht sofort aus dem Index entfernt, hat die ETF-Gesellschaft ein Problem: Der ETF-Manager müsste dann auf eine ähnliche Anleihe ausweichen, wodurch die Korrelation zum Index schlechter und der ETF ein aktives Element enthalten würde.

OPTIONEN UND FUTURES AUF ETFs

Am 18. November 2002 hat die EUREX als erste europäische Börse Futures und Optionen auf Exchange Traded Funds eingeführt. Ausgewählt wurden dabei die liquidesten Index-ETFs auf Xetra, wie beispielsweise der DAX EX und der DJ EuroStoxx 50 SMEX.

Dies bestätigt nicht nur den Wachstumstrend der ETFs in Europa, sondern komplettiert zugleich das Spektrum an börsengehandelten Indexinstrumenten.

Damit bedient die Börse proaktiv die Nachfrage ihrer Handelsteilnehmer nach präzisen Instrumenten zur Risikosteuerung in einem Wachstumsmarkt. Infolge des starken Wachstums beim Handel von ETFs im Kassamarkt steigt auch der Bedarf an maßgeschneiderten Absicherungsinstrumenten, die optimal auf die Besonderheiten börsengehandelter Fonds abgestimmt sind. Internationale Handelshäuser betreiben seit dem Start der Produkte aktives Market Making, um die Liquidität von Beginn an sicherzustellen.

a) Vorteile für die Investoren

- Mit Futures und Optionen auf ETFs lassen sich maßgeschneiderte Risikomanagement- und Absicherungsstrategien implementieren, da bei diesen neuen Vehikeln der Kontraktwert deutlich geringer ist (100 ETF-Anteile) als bei bereits bestehenden Index-Futures und -Optionen. Durch den kleineren Kontraktgegenwert sinkt die Kapitalbindung signifikant, und es können auch kleinere Kapitalbestände optimal abgesichert werden.

- Ein weiterer Vorteil von Futures und Optionen auf ETFs gegenüber herkömmlichen Indexderivaten liegt in der physischen Belieferung bei Endfälligkeit der Kontrakte. Diese Produkteigenschaft ist für Investoren interessant, die nach dem Ende der Laufzeit in die jeweiligen ETFs reinvestieren wollen.

- Weiterhin wird erstmals zwischen Exchange Traded Funds und Indexderivaten ein so genannter „perfect match" darstellbar, um dadurch ein hochpräzises Risikomanagement zu etablieren.

- Letztendlich ergeben sich zwischen Kassamarkt, ETF-Markt und dem Derivatemarkt vielfältige Handels-, Hedging- und Arbitragestrategien, die über die bisherigen Möglichkeiten hinausgehen.

b) Verhältnis Kassamarkt – ETF-Markt – Derivatemarkt

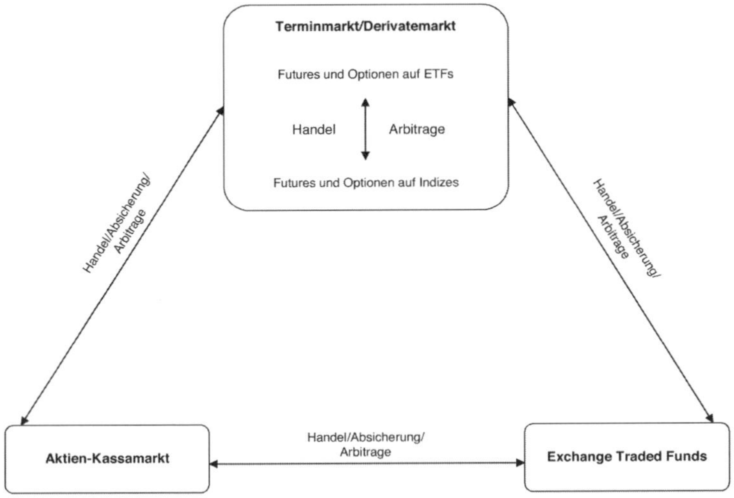

Abb. 33: Kassamarkt vs. ETF-Markt vs. Derivatemarkt

Quellen: INDEXCHANGE, Rödl & Partner, Köln

Im Gegensatz zu den bestehenden Indexprodunkten werden Futures und Optionen auf ETFs – analog zu den existierenden Aktienoptionen – physisch beliefert. Damit werden diese Produkte besonders für diejenigen Marktanteilnehmer interessant, die am Ende der Kontraktzeit eine Direktanlage in die entsprechenden ETF tätigen oder bestehende Positionen über ETF-Derivate glattstellen.

Der Kurs eines Indexfonds und jener des entsprechenden Referenzindex verlaufen nicht exakt gleich. Zwischen der Entwicklung des Index und des ETF-Preises gibt es einen geringfügigen Unterschied, der als „Tracking Error" bezeichnet wird. Er kommt unter anderem dadurch zustande, dass die Dividenden nicht kontinuierlich ausgeschüttet werden, sondern – je nach Produktgestaltung – nur ein- bis zweimal im Jahr. Dies gilt beispielsweise für Produkte, die sich auf den Dow Jones EuroStoxx 50 (Preisindex) beziehen. Folgendes Beispiel zeigt einen solchen Tracking Error:

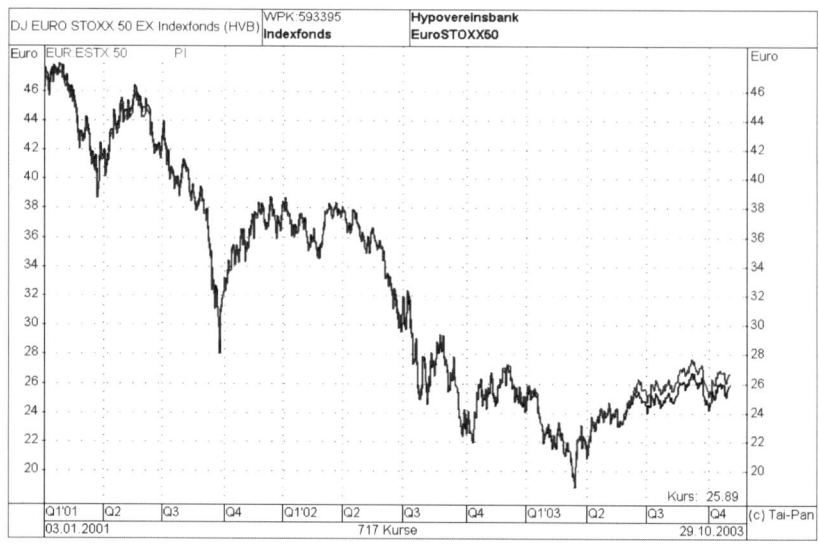

Abb. 34: Darstellung „Tracking Error"

Quelle: Robert Beer Vermögensverwaltung, Tai-Pan

Dividenden werden als Baranteil während des Geschäftsjahres angesammelt. Der ETF notiert deshalb über dem Index. Er fällt erst bei Ausschüttung der angesammelten Dividenden auf das Indexniveau zurück, abzüglich einer täglich abgegrenzten Managementgebühr. Um ein Auseinanderdriften von Fondspreis und Index zu verhindern, betreibt der Emittent zum Beispiel Wertpapierleihegeschäfte, deren Ertrag zu Kompensationszwecken eingesetzt wird. Durch den Einsatz von Derivaten, die sich direkt auf den ETF als Basiswert beziehen, kann das von Tracking Error verursachte Basisrisiko, zum Beispiel bei Absicherung von ETF-Engagements, vollständig eliminiert werden.

c) Zielgruppen und Handelsstrategien

Futures und Optionen auf ETFs sprechen sowohl private als auch institutionelle Investoren an. Überwiegend sind das auch die Akteure am Kassamarkt: Vermögensverwalter, Hedges-Fonds, Versicherer, Pensions- und andere Investmentfonds.

Für professionelle Anlageverwalter kommt die Einführung zusätzlicher Präzisionsinstrumente zur Risikosteuerung in diesem schnell wachsenden Marktsegment genau zur rechten Zeit. Diese Marktteilnehmer sind bereits mit Futures und Optionen vertraut und nutzen sie als effiziente Absicherungsinstrumente.

Im wettbewerbsintensiven Markt der Anlageverwaltung für professionelle Investoren ist es entscheidend, die gesetzten Ertragsziele zu erreichen und – wenn möglich – sogar zu übertreffen. Instrumente, mit denen der Tracking Error reduziert, oder gar völlig eliminiert werden kann, sind dabei äußerst hilfreich.

Durch die physische Zulieferung schließt sich der in der Grafik beschriebene Kreis aus Sicht der professionellen Handelsteilnehmer. Ihnen bieten sich neue Arbitragechancen. Über Futures können sie schnell und kostengünstig ETFs handeln und noch einfacher Short-Positionen in Indizes aufbauen.

Auch Spread-Engagements zwischen geografischen Regionen oder unterschiedlichen Branchen lassen sich einfach und schnell umsetzen. Durch den Einsatz von Optionen erweitert sich das Spektrum an Handelsstrategien nochmals. Mit Straddles und Strangles lassen sich Erwartungen hinsichtlich der Bandbreite und Volatilität der Kursentwicklung konkretisieren. Andere Kombinationen – wie unter anderem so genannte Ladders, Put-Spreads, Call-Spreads – werden zur gezielten Eingrenzung von Risiken oder Maximierung von Ertragspotenzialen genutzt. Optionen ermöglichen den Aufbau präziser und anspruchsvoller, auf Zeitkomponenten und/oder bestimmten Ereignisse ausgelegter Strategien. Wie sich in den USA bereits gezeigt hat, steigern die durch Optionen eröffneten zusätzlichen Handelsfacetten die Attraktivität des gesamten ETF-Marktes.

Es gibt für Fondsmanager unzählige Möglichkeiten, ETF-Derivate sinnvoll einzusetzen. So können sie beispielsweise für traditionelle Absicherungsstrategien herangezogen werden. Als Beispiel wäre ein Aktienportfolio bei erwartenden Kursrückgängen zu nennen. In diesem Fall ließe sich der Portfoliobestand über den Kauf von Put-Optionen auf ETFs oder den Verkauf von Futures entsprechend absichern, ohne diese zu veräußern. Dies stellt eine wichtige Alternative dar, denn in vielen Ländern sind Aktien im Kassamarkt schwierig oder nur mit hohen Kosten zu verkaufen. Derivate bieten hier eine einfache Umsetzungsalternative.

Auf ähnliche Weise lassen sich mit Hilfe derivater Produkte problemlos neue Long-Postionen aufbauen, insbesondere in Zeiten extremer Marktvolatilität. Ein Fondsmanager könnte zu der Ansicht kommen, dass der beobachtete Markt schon mehr als genug gefallen sei. Die Entdeckung mit den für ein Portfolio zahlreichen erforderlichen Einzeltiteln kann sich dabei – je nach Volatilität – durchaus als schwierig erweisen. Unter Verwendung von ETF-Derivaten oder über den direkten Kauf von ETF-Anteilen lässt sich ein derartiges Engagement leicht mit einer einzigen Transaktion aufbauen. Der Fondsmanager hat dann genügend Zeit, aus der entsprechenden Derivatebeziehungsweise ETF-Position auszusteigen und die einzelnen Aktien zu erwerben, sobald sich die Marktlage wieder entspannt hat.

Schließlich gibt es noch unzählige Strategien, mit deren Hilfe ein Fondsmanager die effektiven Erträge auf das von ihm verwaltete Vermögen erhöhen kann. Zu den gängigen Varianten gehört der Verkauf „gedeckter" Call-Optionen aus dem Geld, die durch einen entsprechenden Bestand des Basiswertes unterlegt sind – auch als „Covered Call Writing" bezeichnet. Die Marktentwicklung wird für diesen Fall neutral bis pessimistisch eingeschätzt.

Das bei dieser Strategie bestehende Risiko ist verhältnismäßig gering. Der Ausübungspreis der Option liegt in diesem Fall über dem aktuellen Marktniveau. Fallen die Preise oder bleiben sie unverändert, wovon der Manager ausgeht, profitiert der Fonds vom Einstreichen der Optionsprämie. Sollte der Markt wider Erwarten doch steigen und die Option entsprechend ausgeübt werden, kann der Fondsmanager zur Erfüllung seiner Lieferverpflichtung auf den von ihm gehaltenen Bestand des Basiswertes zurückgreifen. Unter Verwendung von Put-Optionen oder Kombinationen verschiedener Call- und/oder Put-Optionen lassen sich ähnliche Strategien verfolgen.

d) Kontraktspezifikationen ETF-Futures und -Optionen

Kontraktspezifikationen der neuen EXTF-Futures	
Basiswert	Die liquidesten paneuropäischen Index-ETFs
Kontraktgröße	100 Indexfondsanteile des jeweils zugrunde liegenden ETFs
Minimale Preisänderung	EUR 0.01
Erfüllung	Physische Lieferung von 100 Indexfondanteilen (ETFs)
Erfüllungstag	zwei Börsentage nach der Ausübung (bzw. drei Tage bei an der SWX gehandelten ETFs)
Letzter Handelstag	Der dritte Freitag eines Verfallmonats, sofern dieser ein Börsentag ist, andernfalls der davor liegende Börsentag
Täglicher Abrechnungspreis	Letztbezahlter Kontraktpreis; falls dieser älter als 15 Minuten ist oder nicht den aktuellen Marktverhältnissen entspricht, wird dieser von der Eurex festgelegt
Schlussabrechnungspreis	Der im elektronischen Handelssystem des Kassamarktes festgestellte Schlussauktionspreis des jeweiligen Basiswertes. Wenn kein Schlussauktionspreis zustande kommt, wird der volumengewichtete Durchschnitt der drei für den jeweiligen Basiswert letztbezahlten
Fälligkeitsmonate	Die jeweils nächsten Quartalsmonate des Zyklus März, Juni, September und Dezember
Handelszeit	in Deutschland: 9.00 bis 17.30 Uhr

Kontraktionspezifikationen der neuen EXTF- Optionen	
Basiswert	Die liquidesten paneuropäischen Index-ETFs
Kontraktgröße	100 Indexfondsanteile des jeweils zugrunde liegenden ETF
Minimale Preisänderung	EUR 0.01
Erfüllung	Physische Lieferung von 100 Indexfondanteilen (ETFs)
Erfüllungstag	zwei Börsentage nach der Ausübung (bzw. drei Tage bei an der SWX gehandelten ETFs)
Letzter Handelstag	Der dritte Freitag eines Verfallmonats, sofern dieser ein Börsentag ist, andernfalls der davor liegende Börsentag
Täglicher Abrechnungspreis	Letztbezahlter Kontraktpreis; falls dieser älter als 15 Minuten ist oder nicht den aktuellen Marktverhältnissen entspricht, wird dieser von der Eurex festgelegt
Ausübungszeit	Ausübungen sind an jedem Börsentag während der gesamten Laufzeit (9.00 bis 17.30 Uhr)
Verfallsmonate	Die drei nächsten aufeinander folgenden Monate und die drei darauf folgenden Monate aus dem Zyklus März, Juni, September und Dezember sowie den darauf folgenden zwei Monaten aus dem Zyklus Juni und Dezember (das heißt, Laufzeiten bis zu 24 Monaten)
Handelszeit	in Deutschland: 9.00 bis 17.30 Uhr

Abb. 35: Kontraktspezifikationen ETF-Futures und -Optionen

Quelle: Eurexchange

e) Fazit

Liquidität ist bei neuen Futures- und Options-Kontrakten oftmals das zentrale Problem. Die Hauptgründe für das Scheitern neuer Produkte liegen meist in der unzureichenden Strukturierung und bei mangelnder Nachfrage für den jeweiligen Basiswert bei privaten und institutionellen Anlegern. Aber auch die Einführung sogenannter „Me-too"-Produkte in einem bereits ausreichend versorgten Markt kann dazu führen. Es hat sich aber auch gezeigt, dass die proaktive Einführung sinnvoller Futures und Optionen in einem Wachstumsmarkt als Auslöser für steigende Liquidität und weiteres Wachstum dient. In diesem Fall passen sich professionelle Marktteilnehmer schnell an. Sie nehmen die neuen Möglichkeiten an und erweitern ihr Produktangebot für ihre Kunden – nicht zuletzt auch zu ihrem eigenen Nutzen. Dank der aktiven Beteiligung von Market Makern in den neuen Eurex-Produkten ist die Liquidität dabei für alle Beteiligten gesichert.

Derivate erleichtern Anlageverwaltern somit erheblich die präzise Steuerung der Mittelzu- und -abflüsse ihrer Fonds, die Absicherung von Portfolios und die Erhöhung der Erträge auf das von ihnen verwaltete Vermögen.

Für Privatanleger bieten Futures und Optionen auf ETFs eine kostengünstigere Einstiegsmöglichkeit dank standardisierter Produktspezifikationen, elektronischem Marktzugang und niedrigen Handelskosten.

Funktionsweise von ETFs

Dieses Kapitel lässt Sie hinter die Kulissen der ETF-Fabrik blicken. Sie erfahren nicht nur, wie ETFs konstruiert sind und funktionieren, sondern auch, welche Rollen die Marktteilnehmer in den jeweiligen Prozessen spielen.

XTF-SEGMENT – DIE HANDELSPLATTFORM FÜR ETFS

Exchange Traded Funds sind börsengehandelte Indexfonds und können wie Aktien über jede Bank oder Sparkasse an der Börse gekauft und verkauft werden. Hierfür installierte die Deutsche Börse AG im April 2000 eine eigene Handelplattform – das XTF-Segment. Die Deutsche Börse AG war die erste Börse in Europa, die den Handel mit Exchange Traded Funds in einem eigens dafür eingerichteten Segment organisierte. ETFs erhalten die Zulassung zum Amtlichen Handel oder zum Geregelten Markt der Frankfurter Wertpapierbörse und erfüllen zusätzliche Voraussetzungen. Die Publizitätspflicht von XTF-ETFs garantieren ein sehr hohes Maß an Transparenz. Die Deutsche Börse informiert auf ihrer Homepage www.xtf.de alle Interessierten über Umsätze, Produktbeschreibungen und die aktuellen Kurse der ETFs.

Für den ETF-Investor liegen die Vorteile des XTF-Segments vor allem in der fortlaufenden Notierung der ETF-Kurse (Kursfeststellung) und dem Handel ohne Ausgabeaufschlag. Handelbar sind ETFs auf Xetra oder im maklergestützten Handel. Unter Designated Sponsors sind Banken oder Wertpapierhandelshäuser zu verstehen, die einzelne Werte betreuen und für diese Werte verbindliche Kauf- und Verkaufsangebote ins Handelssystem einstellen.

Zu den schlagkräftigen Argumenten, die für die Leistungsfähigkeit des XTF-Segments sprechen, zählen vor allem:

- sehr schnelle Orderausführung;

- hohe Liquidität;

- hohe Transparenz durch Publizitätspflicht;

- hohe Preisqualität;

- äußerst niedrige Transaktionskosten aufgrund niedriger Spreads (Differenz zwischen An- und Verkaufskurs);

- keine Ausgabeaufschläge;

- hohe Umsätze und europaweite Handelbarkeit auf Xetra;

- optimale Kompatibilität mit den jeweiligen Derivaten an der Eurex.

INDIKATIVER NET ASSET-VALUE (iNAV)

Zusätzlich berechnet die Deutsche Börse AG den indikativen Net Asset Value (iNAV). Beim iNAV handelt es sich um den Nettoinventarwert eines ETF-Anteils. Berechnet wird der iNAV durch Multiplikation der gehaltenen Wertpapiere im Fondsvermögen des ETFs mit den entsprechenden Marktkursen. Dieser Wert wird in der Regel pro Aktie bekannt gegeben, indem der absolute NAV durch die Anzahl der ausgegebenen Fondsanteile ins Verhältnis gesetzt wird. Der NAV wird von den Fondsgesellschaften herkömmlicher Investmentfonds einmal täglich, etwa um 14 Uhr, veröffentlicht. Bei ETFs wird der NAV täglich permanent zu den aktuellen ETF-Kursen berechnet – deshalb auch der Name indikativer NAV. Im XTF-Segment melden deshalb die ETF-Gesellschaften vor Handelsbeginn ihr aktuelles Portfolio der Deutschen Börse AG, die den iNAV auf diese Information hin berechnet. Befinden sich beispielsweise ausländische Werte im Portfolio des ETF, werden diese Werte zu den Kursen ihrer Heimatbörsen bewertet. Sollten diese Kurse einmal nicht zu Verfügung stehen, wird als Referenzkurs der Preis des Wertpapiers im Xetra-Handel herangezogen.

Sinn und Zweck des indikativen NAV

Mit der Berechnung des iNAV wird während des fortlaufenden Handels der tatsächliche Wert des ETFs auf Basis der aktuellen Kurse festgestellt. Vor diesem Hintergrund können am iNAV Investoren die kurzfristige künftige Entwicklung der ETF-Anteile ablesen. Durch Arbitrageprozesse wird sich der Marktpreis der Fondsanteile stetig in Richtung des iNAV entwickeln. Dies gewährleistet der so genannte Creation-/Redemption-Prozess, mit dem alle ETF-Anbieter und Designated Sponsors im XTF-Segment agieren.

CREATION-/REDEMPTION-PROZESS

Um den zugrunde liegenden Index abzubilden, stellt der Designated Sponsor einen Aktienkorb zusammen, dessen Zusammensetzung dem Index eins zu eins entspricht. Als Gegenleistung erhält er vom ETF-Anbieter, z.B. INDEX-CHANGE oder Lyxor, ETF-Anteile im Wert des Aktienkorbes, die er im Markt verkaufen kann (Creation-Prozess). Umgekehrt kann der Designated Sponsor ETF-Anteile an die ETF-Anbieter zurückgeben und erhält hierfür als Gegenleistung Aktien (Redemption-Prozess). Der Vorteil dabei: Die über diesen Prozess dem ETF zu- bzw. abfließenden Mittel müssen nicht vom ETF in Aktien investiert bzw. liquidiert werden, sondern werden bereits als Aktien ein- und ausgebucht. Damit werden Transaktionskosten für den Fonds und letztlich für den Anleger vermieden, was sich positiv auf die Performance auswirkt.

Der Creation-/Redemption-Prozess ist eine klassische Win-Win-Situation für alle Teilnehmer: Der ETF-Anbieter überträgt das Risiko auf den Designated Sponsor, dieser kann den Index durch den täglichen Handel fortlaufend abbilden, und der Investor erhält zu jeder Zeit ein faires Pricing. Folgende Abbildung stellt den Creation-/Redemption-Prozess grafisch dar:

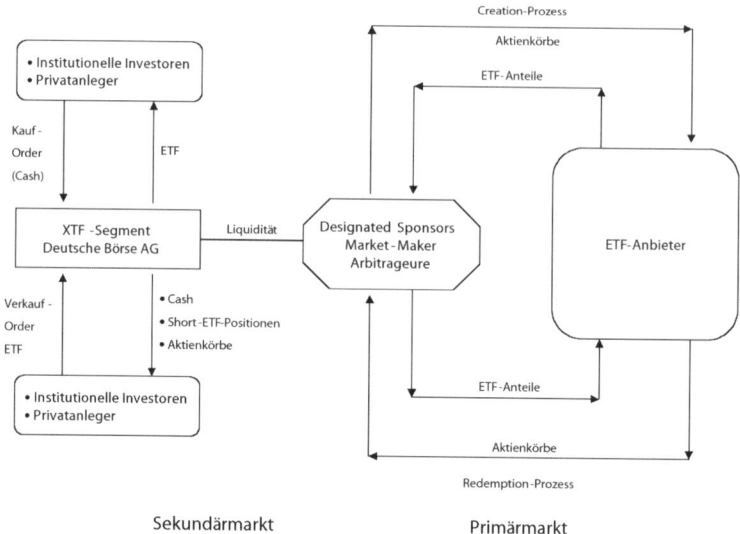

Abb. 36: Creation-/Redemption-Prozess

Quelle: Rödl & Partner, Köln

MARKTTEILNEHMER IM PRIMÄR- UND SEKUNDÄRMARKT

Nachfolgende Erläuterungen geben Ihnen einen Einblick in die Rollen der jeweiligen Marktteilnehmer im Primär- und Sekundärmarkt. Der Primärmarkt beschreibt das Verhältnis zwischen ETF-Gesellschaft, ETF-Management und Designated Sponsors. Teilnehmer des Sekundärmarktes sind neben den Investoren die Banken und Broker sowie die Börse.

Primärmarkt

a) ETF-Anbieter

Der ETF-Anbieter (wie z. B. INDEXCHANGE oder LYXOR) ist Emittent und damit verantwortlich für das Sondervermögen (ETF). Er nimmt zwischen allen Beteiligten eine Schnittstellenfunktion ein, bei der alle Kanäle zusammenlaufen. Der ETF-Kapitalanlagegesellschaft obliegen der gesamte Prozess der Produktgestaltung sowie das Auflegungsprozedere.

Die ETF-Gesellschaft schließt dabei Verträge mit den Indexprovidern (Indexanbietern, wie z. B. STOXX Ltd.), der Börse und den Market Makern/Designated Sponsors.

Sie beantragt die Auflegung und Vertriebszulassung des ETF beim zuständigen Aufsichtsamt sowie die Börsenzulassung.

Das eigentliche ETF-Management kann sie dabei allein übernehmen oder mit einem externen Manager zusammenarbeiten. Letztlich gehen alle Marketing- und Vertriebsaktivitäten vom ETF-Anbieter aus.

b) ETF-Management

Das ETF-Management versucht, möglichst eins zu eins den dem ETF zugrunde liegenden Index abzubilden bzw. eine gleich verlaufende Wertentwicklung zu erzielen. Dazu muss das Management die Informationen des Marktes und des Indexproviders ständig auswerten und zum Beispiel Aktiensplits, Fusionen oder Ausschüttungen entsprechend berücksichtigen. Gerade das Management eines Fonds, dessen zugrunde liegender Index mehrere Zeitzonen erfasst oder der mit Hilfe eines optimierten Basket gesteuert wird, bedarf eines Höchstmaßes an Know-how und Fähigkeiten.

c) Market Maker (Designated Sponsor)

Market Maker veröffentlichen kontinuierlich verbindliche An- und Verkaufspreise der ETFs. Der maximale Spread zwischen Geld- und Briefkurs sowie das Volumen, für das diese Preise gestellt werden müssen (minimales Quotierungsvolumen), werden ihnen dabei von der ETF-Gesellschaft vorgegeben. Um eine Monopolstellung zu vermeiden, sehen die Bedingungen bei der Deutschen Börse für den Handel passiv gemanagter ETFs vor, dass für jeden Fonds mindestens zwei Market Maker benannt werden müssen. Ein Geschäftsabschluss kommt für den Market Maker zustande, der den für den Investor besten Preis stellt. Die Market Maker stehen somit untereinander im Wettbewerb, was für einen aus Anlegersicht fairen Preis zu Marktkonditionen sorgt.

Eine Schlüsselrolle kommt den Market Makern im Creation-/Redemption-Prozess zu. Er beinhaltet den Tausch von Aktienkörben gegen ETF-Anteile zwischen Market Maker und ETF-Gesellschaft.

Sekundärmarkt

a) Investoren

Die Investoren (Institutionelle und Privatanleger) kaufen oder verkaufen die ETF-Anteile, indem sie ihre Orders in der Regel über ihre Bank oder Broker an der Börse platzieren. Die gestellten Geld- und Briefkurse sind hier verbindlich und dem Investor somit bei Orderverteilung bekannt. Es ist jedoch auch möglich, Orders direkt über den Market Maker abzuwickeln. In diesem Fall werden die Kurse zwischen beiden Vertragspartnern verhandelt. Für institutionelle Investoren ist zudem die Möglichkeit gegeben, ETF-Anteile direkt gegen Sacheinlagen in Form von Aktienkörben zu erhalten.

b) Banken und Broker

Banken und Broker – hierzu gehören auch die Market Maker bzw. die Designated Sponsors – nehmen die Aufträge ihrer privaten und institutionellen Investoren entgegen und leiten sie direkt an die Börse weiter oder bedienen die Anleger aus ihren eigenen Handelsbeständen.

c) Börse

ETFs werden an den Börsen jeweils in speziellen Handelssegmenten gehandelt (z. B. bei der Deutsche Börse AG im XTF-Segment). Der Börsenhandel erfolgt einerseits im fortlaufenden Handel (9.00-17.30 Uhr, Orders werden hintereinander zum jeweils besten der von den Market Makern oder einem anderen Marktteilnehmer gestellten Kurs ausgeführt) und andererseits in zwischenzeitlichen Auktionen (Interessenten geben während einer bestimmten Zeitspanne ihre Gebote für Kauf und Verkauf ab, danach Preisfeststellung nach Meistausführungsprinzip).

Die Deutsche Börse AG bestimmt beispielsweise alle 15 Sekunden einen indikativen NAV (iNAV). Dieser repräsentiert den fairen Wert des Portfolios in Echtzeit, da jeweils alle Assets zu Marktpreisen aggregiert werden. Der indikative NAV dient zudem den Market Makern zur Kontrolle ihrer Geld- und Briefkurse, den institutionellen Anlegern zur Aufdeckung von Arbitrage-Möglichkeiten und den Privatanlegern zur Beurteilung der Fairness des Börsenpreises.

Basis für die Berechnung des iNAV ist der Creation-Redemption-Basket, der am Vortag vom Fondsmanagement ermittelt wird. Während des gesamten nächsten Handelstages bleibt die Zusammensetzung des Basket konstant. Erst am Abend werden wieder Anpassungen vorgenommen, die dann bereits die Optimierung für den nächsten Tag widerspiegeln. Sowohl Market Maker als auch Deutsche Börse legen bei ihrer Preisfeststellung jeweils diesen am Vorabend fixierten Basket zugrunde.

Gesetzliche Rahmen-
bedingungen

ÜBERBLICK

Für alle am Aktienindex orientierten Fonds wie auch für ETFs bestanden bisher einschränkende gesetzliche Anlagebestimmungen im Gesetz für Kapitalanlagegesellschaften (KAGG), die sich als Hindernis für die Verbreitung von ETFs erwiesen. Diese Bestimmungen sahen nämlich die Begrenzung des Anteils eines Einzelwertes am Gesamtportefeuille der Kapitalanlagegesellschaft vor und konnten daher die exakte Nachbildung eines Index erschweren.

Auf EU-Ebene wurden dann zur Harmonisierung der Verwaltung und des Vertriebs von Fonds verschiedene Richtlinien für „Organismen für Gemeinsame Anlagen in Wertpapieren" (OGAW) beschlossen, die im englischsprachigen Raum als „Undertaking for Collective Investment in Transferable Securities" (UCITS) bezeichnet werden. Die Umsetzung dieser Richtlinien erfolgte bis auf die letzte Richtlinie – die OGAW-Richtlinie III – durch die Finanzmarktförderungsgesetze in der jeweiligen Fassung. Die OGAW-Richtlinie III soll durch das Investmentmodernisierungsgesetz umgesetzt werden, das aber bisher nur als Regierungsentwurf vorliegt. Diese Richtlinien und deren Umsetzung brachten eine stufenweise Deregulierung für alle Aktienfonds und damit auch für ETFs mit sich.

GESETZ ÜBER KAPITALANLAGEGESELLSCHAFTEN (KAGG)

Das KAGG regelt die Tätigkeit deutscher Investmentgesellschaften. Für ausländische Kapitalanlagegesellschaften, die ihre Investmentanteile in Deutschland vertreiben wollen, ist das AusInvestmG einschlägig.

Die entscheidenden Vorschriften der §§ 8 bis 9 e KAGG legen die Anlage-möglichkeiten (qualitativ) und -grenzen (quantitativ) für deutsche Invest-mentgesellschaften und damit auch ETFs fest. So werden dort die für das Sondervermögen der Gesellschaften geeigneten Wertpapiere definiert. Grundsätzlich dürfen Wertpapiere, die an einem organisierten Markt inner-halb oder außerhalb eines Mitgliedsstaates der Europäischen Union oder ei-nes Staates des Europäischen Wirtschaftsraums zugelassen sind, erworben werden. Dadurch sind im Grunde alle in internationalen und nationalen Ak-tien- und Rentenindizes enthaltenen Wertpapiere für Indexfonds und damit auch für ETFs erwerbsfähig. Es gibt also für ETFs keine qualitativen Ein-schränkungen hinsichtlich der Zulässigkeit von Wertpapieren.

Jedoch begrenzte das KAGG bisher die Menge der einzelnen Wertpapiere (quantitative Anforderunge), um eine Mindestdiversifikation zu erreichen. Die Anlagegesellschaft durfte bisher höchstens 5 % des Wertes des Sondervermö-gens in Wertpapieren und Schuldscheindarlehen desselben Ausstellers anlegen. Eine Erhöhung auf 10 % war möglich, sofern dies in den Vertragsbedingungen der Anlagegesellschaft vorgesehen war und der Gesamtwert der Wertpapiere und Schuldscheindarlehen dieser Aussteller 40 % des Wertes des Sonderver-mögens nicht überstieg. Die Einhaltung dieser Grenzen beim Kauf selbst war nicht ausreichend. Auch nachträgliche Überschreitungen dieser Grenzen waren durch Verkäufe wieder auszugleichen (Bestandsgrenzenprinzip). Je größer nun die Konzentration auf wenige Indexgewichte („Blue-Chips") war, umso wahr-scheinlicher war auch, dass die Anlagegrenzen überschritten wurden.

Durch das dritte Finanzmarktförderungsgesetz (1998) wurde Aktienfonds unter bestimmten Bedingungen die dauerhafte Überschreitung der Anlage-grenzen des KAGG ermöglicht. Diese Regelung war aber nur für bestimmte Formen von Aktienindexfonds vorgesehen. Überdies profitierten nur solche Fondsgesellschaften von dieser Überschreitungsmöglichkeit, die einen aner-kannten Aktienindex nachbildeten. Die zweite Einschränkung führte im Er-gebnis dazu, dass von den deutschen Aktienindizes nur der DAX und der Ne-max 50 zulässige Referenzindizes bilden konnten.

Das vierte Finanzmarktförderungsgesetz (2002) erweitert nun diese Über-schreitungsmöglichkeiten allgemein auf Indexfonds, die als Bezugspunkt bestimmte Wertpapierindizes wählen. Neben Aktienindizes, die an Terminbörsen gehandelt werden, werden daher nun auch von den Marktteilnehmern anerkannte Aktienindizes sowie Rentenindizes erfasst. Beispiele für anerkannte Aktienindizes sind der FAZ-Index und der Dow Jones Industrial Average.

Weitere Voraussetzungen für die Überschreitung der gesetzlichen Anlagegrenzen sind:

- Die Nachbildung des Index muss sich unter Wahrung einer angemessenen Risikomischung auf einen allgemeinen und von der Bankaufsichtsbehörde anerkannten Index beziehen;

- die Überschreitung der Anlagegrenzen muss in den Vertragsbedingungen ausdrücklich vorgesehen und der Referenzindex darin festgelegt sein;

- der Verkaufsprospekt muss Hinweise auf die Einschränkung des Grundsatzes der Risikomischung enthalten;

- die Indexzusammenstellung (Titel und Gewichtung) ist im Verkaufsprospekt und im Rechenschafts- oder Halbjahresbericht darzustellen.

Da im KAGG nicht eine Abbildung, sondern lediglich eine Nachbildung vorgesehen ist, kann eine Abweichung von den Gewichtungen erfolgen. Eine genaue Duplikation ist nicht erforderlich. Ob eine hinreichende Nachbildung des Index vorliegt, beurteilt sich nach einer noch zu erlassenden Rechtsverordnung. Ein zwischenzeitlicher Wechsel des Referenzindex oder die Abbildung eines „Basket" aus mehreren Indizes ist jedenfalls nicht möglich.

MUSTERVERTRAGSBEDINGUNGEN UND MUSTERVERKAUFSPROSPEKTE

Wichtig für ETFs ist auch die Verabschiedung von Mustervertragsbedingungen und Musterverkaufsprospekten für „Aktienindex-Sondervermögen" Anfang 2001. Dies betrifft Fonds, deren Anlagepolitik die strukturgleiche Abbildung eines Referenzindex vorsieht („Spiegelfonds").

Diese Besonderen Vertragsbedingungen für Aktienindex-Sondervermögen sehen vor, dass für das Sondervermögen nur Aktien erworben werden
dürfen, die auch in dem Index enthalten sind, der als Abbildungsgrundlage
dient. Eine Ergänzung um Index-Futures, Indexzertifikate und Investmentanteile ist möglich. Der Erwerb von Anteilen an einem anderen Sondervermögen ist jedoch nur zulässig, wenn die Satzung oder die Vertragsbedingungen der entsprechenden Fondsgesellschaften mit den Anlagebedingungen
des Aktienindex-Sondervermögens übereinstimmen. Diese Voraussetzungen
werden nur von solchen Fonds erfüllt, die ebenfalls als Indexfonds ausgestal-
tet sind, sich auf den gleichen Aktienindex beziehen und den gleichen Voraussetzungen für Aktienindex-Sondervermögen nach KAGG genügen.

Die im Jahr 2002 mit dem vierten Finanzmarktförderungsgesetz vollzoge-
ne Erweiterung der Sonderregelungen für Indexfonds auf allgemein anerkannte Wertpapierindizes macht die Abfassung neuer Mustervertragsbedingungen notwendig. Allerdings dürften diese ähnlich oder sogar gleich for-
muliert sein wie die für Aktienindex-Sondervermögen.

RICHTLINIEN ÜBER ORGANISMEN FÜR GEMEINSAME ANLAGEN VON WERTPAPIEREN (OGAW)

Die zunehmende Europäisierung des Kapitalmarktes führte zu einer Regelung für den Vertrieb von Anteilen an deutschen Fondsgesellschaften in anderen europäischen Staaten. Ziel war und ist die Erweiterung von Tätig-
keitsfeldern der Investmentgesellschaften unter Berücksichtigung des Anlegerschutzes.

Nach den bereits im KAGG umgesetzten OGAW-Richtlinien I und II der
EU sind nun im Jahre 2002 die OGAW-Verwaltungsrichtlinie und OGAW-
Produktrichtlinie (kurz: OGAW III oder UCITS III) auf EU-Ebene beschlos-
sen worden. Diese traten am 13.02.2002 in Kraft und sehen eine Umsetzung
in allen EU-Staaten bis zum 13.08.2003 vor. Danach gilt eine sechsmonatige
Übergangszeit bis zum 13.02.2004. Jedes nach dem 13.02.2002 aufgelegte
Anlageprodukt muss seine Investmentregelung innerhalb dieser Zeit an die
neuen Vorgaben angleichen. Für Produkte, die vor dem Februar 2002 aufge-

legt worden sind, gilt eine Übergangsfrist bis Februar 2007. Die Umsetzung durch den deutschen Gesetzgeber ist noch nicht erfolgt.

Diese EU-Richtlinien räumen Fonds, die auf eine Nachbildung eines als anerkannt geltenden Wertpapierindex ausgerichtet sind, eine Investition in einzelne Titel bis zu einer maximalen Anlagegrenze von 20 % des Fondsvermögens ein. Diese Grenze kann für einen der Titel auf bis zu 35 % erhöht werden, wenn dies aufgrund außergewöhnlicher Marktbedingungen gerechtfertigt ist.

4. INVESTMENTMODERNISIERUNGSGESETZ

Zur Umsetzung der OGAW-Richtlinie III hat die Bundesregierung am 8. Juli 2003 den Entwurf des Investmentmodernisierungsgesetzes (InvG) vorgelegt. Dieser Gesetzesentwurf soll im Februar 2004 in Kraft treten.

Allgemeine Ziele sind neben der Umsetzung dieser Richtlinie Erleichterungen für Anbieter von Investmentfonds, das Aufgreifen von Anlegerbedürfnissen, die Verbesserung des Anlegerschutzes und die Stärkung der Aufsicht durch die Bundesanstalt für Finanzdienstleistungsaufsicht. Gesetzestechnisch sollen hierdurch das KAGG und das AusInvestmG zusammengelegt und ersetzt werden.

Neben den allgemeinen Ausstellergrenzen für Kapitalanlagegesellschaften sieht der Gesetzesentwurf eine besondere Regelung für Wertpapierindex-Sondervermögen vor. Danach darf die Anlagegesellschaft bis zu 20 % des Werts des Wertpapierindexsondervermögens in Wertpapieren eines Ausstellers anlegen, wenn die Vertragsbedingungen vorsehen, dass ein bestimmter Wertpapierindex nachgebildet werden muss. Die Auswahl der für das Sondervermögen zu erwerbenden Wertpapiere muss darauf gerichtet sein, unter Wahrung einer angemessenen Risikomischung einen bestimmten, von der Bundesanstalt anerkannten Wertpapierindex nachzubilden. Als Regelbeispiele für anzuerkennende Indizes werden folgende Voraussetzungen angeführt:

- die Zusammensetzung des Wertpapierindex ist hinreichend diversifiziert;

- der Index stellt eine adäquate Bezugsgrundlage für den Markt dar, auf den er sich bezieht;

- der Index wird in angemessener Weise veröffentlicht.

Darüber hinaus sieht der Entwurf – entsprechend der OGAW-Richtlinie III – auch die Ausstellergrenze für einen einzigen Emittenten im Sondervermögen auf 35 % des Werts des Sondervermögens vor. Nach der Regelung des Entwurfs und der dazu erfolgten Begründung sind ETFs auch ausdrücklich von der 40 %-Regel ausgenommen. Diese Regel sieht für allgemeine Kapitalanlagegesellschaften vor, dass die Summe der Wertpapiere desselben Ausstellers mit einem Gewicht von mehr als 5 % des Sondervermögens nicht mehr als 40 % am Fondsvermögen betragen darf.

Damit wurden durch die europäischen OGAW-Richtlinien und deren Umsetzung durch den deutschen Gesetzgeber die rechtlichen Voraussetzungen für verbesserte Wettbewerbsperspektiven von ETFs auf dem deutschen und europäischen Markt geschaffen.

Steuerliche Behandlung

Die nachfolgenden Darstellungen zur steuerlichen Behandlung von Exchange Traded Funds in Deutschland erheben keinen Anspruch auf Vollständigkeit der Informationen, die für eine Kaufentscheidung notwendig sein können. Die Darstellung basiert auf den zum Zeitpunkt der Drucklegung dieses Buches geltenden steuerlichen Vorschriften in Deutschland, die nach bestem Wissen und Gewissen der Autoren nachfolgend wiedergegeben wurden; diese können Änderungen unterliegen. Aufgrund der häufigen Gesetzesänderungen existieren derzeit keine höchstrichterlichen Urteile.

Die Darstellungen beziehen sich ausschließlich auf die relevanten Vorschriften der Besteuerung der Einkünfte aus Kapitalvermögen und der sonstigen Einkünfte. Es werden nicht alle Aspekte dieser Steuerarten behandelt. Die Darstellung behandelt nicht die individuellen Steuerumstände einzelner Investoren. Die Darstellung ersetzt nicht die individuelle Betrachtung der steuerlichen Verhältnisse des Steuerpflichtigen. Im Einzelfall sollte insoweit unbedingt ein Steuerberater oder Wirtschaftsprüfer konsultiert werden.

BESTEUERUNG VON ETF-ERTRÄGEN BEI PRIVATANLEGERN

ETFs stellen eine Spezialform herkömmlicher Investmentfonds dar. Die Besteuerung von Einkünften aus ETFs unterscheidet sich daher grundsätzlich nicht. Grundprinzip der Besteuerung von Einkünften aus ETFs ist das so genannte Transparenzprinzip, d. h. ETF-Investoren werden in steuerlicher Hinsicht grundsätzlich wie Direktanleger gestellt, so dass ihnen aus der Anlage in ETFs insofern weder Vor- noch Nachteile entstehen.

Erträge aus ETFs sind nur in beschränktem Maße steuerpflichtig. Dabei kommt es maßgeblich auf die Form und Zusammensetzung der Ausschüttung des Fonds an. Es kann sich bei ETF-Ausschüttungen grundsätzlich um Dividenden und Erträge aus der Veräußerung von Wertpapieren handeln.

Besteuerung der von ETFs vereinnahmten Dividenden

Privatanleger, die in ETFs investieren, haben vom ETF-Fonds eingenommene Dividenden als Einkünfte aus Kapitalvermögen zu versteuern. Dabei macht es für die Steuerpflicht keinen Unterschied, ob die Dividenden an den Anteilsscheininhaber ausgeschüttet oder von der ETF-Gesellschaft einbehalten (thesauriert) wurden.

Mit In-Kraft-Treten des Steuersenkungsgesetzes vom 23. Oktober 2000 wurde die Dividendenbesteuerung geändert. Bis dahin wurden ausgeschüttete Dividenden mit 30 Prozent (vor 1994 36 Prozent) Körperschaftsteuer zuzüglich Solidaritätszuschlag belastet. Bei der Einkommensteuerveranlagung wurden diese Beträge dem Anleger auf seine persönliche Steuerschuld angerechnet (Anrechnungsverfahren).

Dies ist jetzt nicht mehr möglich. Die Körperschaftsteuerbelastung der Kapitalgesellschaften beträgt nunmehr 25 Prozent und kann weder auf Ebene des Fonds noch beim Anleger angerechnet werden (so genannte Definitivbesteuerung). Damit wurde eine völlige Trennung der Besteuerung von Kapitalgesellschaften und Gesellschaftern herbeigeführt. Die doppelte Steuerbelastung sollte nicht mehr durch eine Verknüpfung von Körperschaftsteuer und Einkommensteuer in Form der Anrechnung erfolgen, sondern durch separate Steuervergünstigungen der jeweiligen Steuerart. Als Ausgleich ist bei der Einkommensteuer nur noch die Hälfte der Dividendenerträge steuerpflichtig (Halbeinkünfteverfahren).

Der Großteil der vom ETF vereinnahmten Dividenden unterliegt gem. § 3 Nr. 40 i. V. m. § 20 Abs. 1 Nr. 1 EStG diesem Halbeinkünfteverfahren, so dass nur die Hälfte der vereinnahmten Dividenden der Einkommensteuer unterliegt. Entsprechend ist aber auch nur noch die Hälfte der Werbungskosten, die in wirtschaftlichem Zusammenhang mit den Dividenden stehen (z. B. Depotgebühren oder Beratungskosten), abzugsfähig. Der Kapitalertragsteuersatz liegt derzeit bei 20 Prozent, zuzüglich 5,5 Prozent Solidaritätszuschlag auf die Kapitalertragsteuer.

Die ETF-Gesellschaft behält diese Beträge automatisch ein und führt sie direkt an das Finanzamt ab. Die einbehaltene Kapitalertragsteuer wird bei der Veranlagung auf die persönliche Einkommensteuerschuld des Anlegers angerechnet.

Hierzu folgendes Beispiel für die Dividendenbesteuerung nach dem Halbeinkünfteverfahren:

Gewinnausschüttung des Unternehmens	1.000,00 Euro
25 % Körperschaftsteuer des Unternehmens	- 250,00 Euro
5,5 % Solidaritätszuschlag auf die KSt	- 13,75 Euro
Dividendenausschüttung an die Fondsgesellschaft	736,25 Euro
Kapitalertragsteuerabzug (20 %)	- 147,25 Euro
Solidaritätszuschlag (5,5 %) auf die Kapitalertragsteuer	- 8,10 Euro
Nettoausschüttung an den Anleger	580,90 Euro
Anrechenbare Steuern	155,35 Euro
Einkünfte aus Kapitalvermögen	736,25 Euro
Davon zu versteuern (50 % der Dividende von 736,25 Euro)	**368,12** Euro

In bestimmten Fällen können dem ETF aber auch noch Dividenden nach dem Anrechnungsverfahren zufließen. Ausländische Dividenden fließen dem Anleger bzw. dem Fonds bereits ab 01.01.2001 nach dem Halbeinkünfteverfahren zu. Hat die inländische ausschüttende Körperschaft ein kalenderjahrgleiches Wirtschaftsjahr, so fließen deren Dividenden dem Fonds ab dem 01.01.2002 nach dem Halbeinkünfteverfahren zu. Die Ausnahme bilden

Dividenden von Unternehmen, die ein vom Kalenderjahr abweichendes Wirtschaftsjahr haben (z. B. 01.07.2001 bis 30.06.2002). In diesen Fällen fließen die Dividenden dem ETF erst ab dem in 2002 beginnenden Wirtschaftsjahr nach dem Halbeinkünfteverfahren zu (also z. B. ab 1.7.2002). Für Dividenden, die vor Geschäftsjahresbeginn ausgeschüttet wurden, gilt dementsprechend noch das Anrechnungsverfahren. Der Fonds muss nach altem Recht vereinnahmte Dividenden auch nach altem Recht an den Anleger weiterleiten. Das heißt, der Anleger kann bei seiner Veranlagung zur Einkommensteuer die einbehaltene Körperschaftsteuer geltend machen, muss dafür aber auch die Dividende voll versteuern.

Das Halbeinkünfteverfahren gilt nur für Dividenden aus inländischen ETFs. Bei ausländischen ETFs sind Dividenden ausdrücklich vom Halbeinkünfteverfahren ausgeschlossen (§§ 17, 18 AuslInvestmG) und müssen somit voll versteuert werden.

Diese steuerliche Benachteiligung ausländischer ETFs sollten Anleger bei ihrer Entscheidung für einen ETF berücksichtigen.

Besteuerung der von ETFs vereinnahmten Zinsen

Ebenso wie die Dividenden gelten die vom Fonds vereinnahmten Zinsen, unabhängig von ihrer Ausschüttung, beim Anleger als Einkünfte aus Kapitalvermögen. Allerdings unterliegen die Zinsen nicht dem Halbeinkünfteverfahren. Sie müssen in voller Höhe versteuert werden.

Die Zinserträge unterliegen der Zinsabschlagsteuer in Höhe von derzeit 30 % zuzüglich 5,5 % Solidaritätszuschlag, bezogen auf die Zinsabschlagsteuer. Die von der Fondsgesellschaft einbehaltenen Beträge werden bei der Ermittlung der Einkommensteuerschuld des Anlegers angerechnet.

Bei Vorlage einer Nichtveranlagungsbescheinigung oder bei einem ausreichend hohen Freistellungsauftrag wird bei ausschüttenden Fonds keine Zinsabschlagsteuer einbehalten bzw. bei thesaurierenden Fonds dem Anleger erstattet.

Besteuerung der von ETFs realisierten Veräußerungsgewinne

Veräußerungsgewinne auf Ebene des ETFs fallen nur bei aktiv gemanagten ETFs an. Die Besteuerung für innerhalb der einjährigen Spekulationsfrist angefallene Veräußerungsgewinne stellt eine Ausnahme des Transparenzprinzips dar.

Während diese Gewinne bei einem Direktanleger nach dem Halbeinkünfteverfahren zu versteuern wären, kann ein ETF diese Veräußerungsgewinne steuerfrei vereinnahmen. Auch die Ausschüttung dieser Gewinne an Privatanleger ist steuerfrei. Hier sind also Anleger, die in ETFs investieren, gegenüber Direktanlegern klar im Vorteil.

Besteuerung von Gewinnen aus der Veräußerung von Anteilen an ETFs

Die Veräußerung von Investmentanteilen ist grundsätzlich nicht einkommensteuerpflichtig. Eine Ausnahme bilden die so genannten Gewinne aus privaten Veräußerungsgeschäften. Ein privates Veräußerungsgeschäft liegt vor, wenn Investmentanteile innerhalb eines Jahres gekauft und wieder verkauft werden (§ 23 Abs.1 Nr. 2 EStG). Der Gewinn ist dabei die positive Differenz zwischen den Anschaffungskosten und dem Veräußerungspreis der ETF-Anteile. Bei der Ermittlung dieses Gewinnes sind die im Anschaffungspreis und im Verkaufserlös enthaltenen sog. Zwischengewinne zu eliminieren. Der Zwischengewinn stellt die seit dem letzten Thesaurierungstermin vom Fonds vereinnahmten Zinserträge dar. Diese sind im Veräußerungspreis enthalten. Bei Anschaffung der ETF-Anteile wurden die bereits enthaltenen Zwischengewinne mitbezahlt. Die Differenz zwischen den bereits bei Anschaffung gezahlten und den im Veräußerungspreis enthaltenen Zwischengewinnen unterliegt als Einkünfte aus Kapitalvermögen der Zinsabschlagsteuer.

Liegen die gesamten Gewinne aus privaten Veräußerungsgeschäften eines Anlegers im Kalenderjahr unter 512,00 EuroO, so werden sie nicht herangezogen. Sobald diese Freigrenze überschritten ist, ist der gesamte Gewinn zu versteuern. Er unterliegt nicht dem Halbeinkünfteverfahren. Dies stellt eine Durchbrechung des Transparenzprinzips dar, denn ein Direktanleger muss Gewinne aus privaten Veräußerungsgeschäften nur zur Hälfte versteuern.

Ein eventuell entstandener Verlust ist zunächst mit Veräußerungsgewinnen desselben Kalenderjahres zu verrechnen. Darüber hinausgehende Verluste können mit privaten Veräußerungsgewinnen des unmittelbar vorangegangenen Veranlagungszeitraumes oder als Verlustvortrag mit denen kommender Veranlagungszeiträume verrechnet werden. Ein Verlustausgleich mit positiven Einkünften anderer Einkunftsarten ist nicht möglich.

Der Steuersatz richtet sich hierbei nach dem individuellen Steuersatz des Anlegers, der sich aus der Grund- bzw. bei Zusammenveranlagung aus der Splittingtabelle ergibt.

Besonderheiten bei ausländischen ETFs

Auf Erträge aus ausländischen ETFs ist das Halbeinkünfteverfahren grundsätzlich nicht anwendbar. Die Ausschüttungen aus ausländischen ETFs sind somit voll zu versteuern. Diese Diskriminierung soll aber mit der Übernahme der neuen europäischen Fondsrichtlinie (UCITS III) in die deutsche Fondsgesetzgebung im Jahre 2004 aufgehoben werden.

Bei Einkünften aus ausländischen ETF wird grundsätzlich nach folgenden drei Fondsarten unterschieden:

a) Weiße Fonds

Sie sind bei der Bundesanstalt für Finanzdienstleistungsaufsicht (BAFin) registriert und führen die gesetzlich geforderten steuerlichen Unterlagen. Ihre steuerliche Behandlung unterscheidet sich nicht wesentlich von der inländischer ETFs.

Zu beachten ist allerdings Folgendes: Wenn auf Erträge, die der ausländische Fonds erwirtschaftet und die ihm zufließen, ausländische Körperschaftsteuer sowie Quellensteuer einbehalten werden, können diese Steuern nicht auf die deutsche Einkommensteuerschuld angerechnet werden. Wird allerdings auf Erträge, die dem deutschen Anleger vom ausländischen ETF zufließen, eine

Quellensteuer erhoben, so besteht die Möglichkeit, diese Quellensteuer auf die Einkommensteuer anzurechnen oder als Werbungskosten abzuziehen.

b) Graue Fonds

Diese Fonds sind zwar nicht bei der BAFin registriert, aber für sie ist ein inländischer steuerlicher Vertreter bestellt, und die steuerlichen Unterlagen des Fonds genügen gewissen Mindestanforderungen und sind in deutscher Sprache abgefasst.

Bei grauen Fonds sind sämtliche Erträge aus Veräußerungsgewinnen – unabhängig von der einjährigen „Spekulationsfrist" – steuerpflichtig.

c) Schwarze Fonds

Schwarze Fonds haben weder einen inländischen steuerlichen Vertreter noch sind sie in der Lage, bestimmte Steuerunterlagen vorzuweisen. Sie werden nach besonderen Regeln besteuert. Wegen der steuerlichen Benachteiligung dieser schwarzen Fonds wird oft auch von einer „Strafbesteuerung" gesprochen.

Neben der gesamten Ausschüttung des ETF einschließlich der darin enthaltenen Veräußerungsgewinne sind zusätzlich 90 Prozent der Differenz zwischen dem Anteilswert zu Beginn und Ende des betreffenden Kalenderjahres – mindestens aber zehn Prozent des Anteilswertes – zum Jahresende steuerpflichtig.

Das heißt mit anderen Worten: Selbst wenn der Anteil im Laufe des Jahres an Wert verloren hat, muss der Anleger immer noch zehn Prozent des Anteilswertes versteuern! Im Falle der Veräußerung oder Rückgabe von Anteilscheinen schwarzer Fonds sind unabhängig von der Besitzdauer (also auch außerhalb der einjährigen „Spekulationsfrist") 20 Prozent des vereinnahmten Entgeltes als fiktiver Zwischengewinn steuerpflichtig.

Hinweis:

Mit dem Investmentmodernisierungsgesetz, das derzeit als Gesetzentwurf vorliegt, soll die Investmentbesteuerung in Deutschland grundlegend reformiert werden. So sollen beispielsweise das Gesetz über Kapitalanlagegesellschaften (KAGG) und das Auslandsinvestment-Gesetz (AuslInvestmG) zusammengeführt werden.

Ziele dieses Gesetzes sind z. B. die Steigerung der Leistungsfähigkeit und Attraktivität des Investmentstandortes Deutschland, die Verbesserung des Anlegerschutzes, erleichterte Bedingungen für die Anbieter von Investmentfonds und nicht zuletzt auch die steuerliche Gleichbehandlung von in- und ausländischen Fonds.

TIPPS FÜR DIE STEUERERKLÄRUNG

Die in folgendem Beispiel verwendeten Daten sind fiktiv und stark vereinfacht. Es soll nur das prinzipielle Vorgehen beim Ausfüllen der Steuererklärung verdeutlichen und nicht die Beratung durch einen Steuerberater oder Wirtschaftsprüfer ersetzen. In diesem Beispiel wird vom Anrechnungsverfahren abstrahiert.

Praxisbeispiel

- Der ledige Privatanleger Erwin Mustermann hält am Geschäftsjahresende des Fonds (30. April 2002) 1.000 Anteile an einem deutschen, passiv gemanagten ETF.

- Er hat sämtliche Anteile bereits im September 2001 erworben.

- Zum Ausschüttungsstichtag 15. Juni 2002 ist der Anteilsbestand unverändert.

- Am 30. Juli 2002 erwirbt Herr Mustermann weitere 500 Anteile an dem Fonds, am 30. Dezember 2002 verkauft er 1.200 Anteile desselben ETF.

- Der Kaufpreis betrug bei Kauf im Juli 2002 56,20 Euro pro Anteil. Bei Verkauf im Dezember 2002 betrug der Preis pro Anteil 60,50 Euro pro Anteil.

- Herr Mustermann hat seiner depotführenden Stelle weder einen Freistellungsauftrag noch eine Nichtveranlagungsbescheinigung vorgelegt.

Die Abrechnung, die Herr Mustermann von der Fondsgesellschaft erhält, enthält folgende steuerlich relevante Informationen:

	Pro Anteil	Gesamt (bezogen auf 1.000 Anteile)
Dividenden (Halbeinkünfteverfahren)	1,95	1.950,00
Anrechenbarer/ auszuzahlender/zu erstattender Kapitalertragsteuerbetrag von 20 %	0,39	390,00
Summe Solidaritätszuschläge (5,5 % des Kapitalertragsteuerbetrages von 20 %)	0,02	21,45

Muster-Steuererklärung

Wo trägt Herr Mustermann die Beträge in seiner Steuererklärung ein?

a) Einkünfte aus Kapitalvermögen i. S. § 20 EStG: Anlage KAP

Die Erträge eines passiven ETF bestehen grundsätzlich nur aus Dividenden. Sämtliche Beträge sind in der Abrechnung der Fondsgesellschaft in voller Höhe angegeben, auch wenn sie aufgrund des Halbeinkünfteverfahrens nur zur Hälfte steuerpflichtig sind.

Die Dividenden nach dem Halbeinkünfteverfahren sind in der Anlage KAP in Zeile 25, Spalte 2, einzutragen, in unserem Fall also 1.950,00 Euro.

Die Dividende nach dem Halbeinkünfteverfahren ist zwar nur zur Hälfte steuerpflichtig, jedoch ist der volle Betrag anzugeben. Eine Halbierung wird vom Finanzamt vorgenommen.

Bei erteiltem Freistellungsauftrag oder Nichtveranlagungsbescheinigung muss anhand der Abrechnung ermittelt werden, welche Anteile der ausgeschütteten oder thesaurierten Dividenden nach dem Halbeinkünfteverfahren ohne Steuerabzug vereinnahmt wurden. Dieser Betrag ist in Zeile 25, Spalte 4, einzutragen.

- Anrechenbarer/auszuzahlender/zu erstattender Kapitalertragsteuer (KapESt)-Betrag (Berechnungssatz 20 Prozent)

Die Kapitalanlagegesellschaft muss bei fehlendem Freistellungsauftrag oder Nichtveranlagungsbescheinigung 20 Prozent Kapitalertragsteuer auf inländische, dem Halbeinkünfteverfahren unterliegende Dividenden einbehalten und an das Finanzamt abführen. Hierbei handelt es sich um eine Anzahlung auf die persönliche Einkommensteuerschuld des Anlegers. Diese wird bei der Veranlagung zur Einkommensteuer voll angerechnet.

Herr Mustermann muss dementsprechend 390,00 Euro (Dividende von 1.950,00 Euro multipliziert mit dem Steuersatz von 20 Prozent) in Zeile 25, Spalte 5, eintragen.

- Summe aller Solidaritätszuschläge

Bei ETFs wird der Solidaritätszuschlag von 5,5 Prozent auf die Kapitalertragsteuer erhoben. In unserem Beispiel beträgt die Summe der Solidaritätszuschläge 21,45 Euro. Dieser Betrag ist in Zeile 51, Spalte 2, einzutragen.

- Sparer-Freibetrag

Jedem Anleger steht ein Sparer-Freibetrag von 1.550,00 Euro bei Einzelveranlagung bzw. 3.100,00 Euro bei Zusammenveranlagung zu. Darüber hinausgehende Einkünfte sind steuerpflichtig. Hinzu kommt ein Werbungskostenpauschbetrag von 51,00 Euro bzw. 102,00 Euro bei Zusammenveranlagung.

Übersteigen die Einkünfte aus Kapitalvermögen die Grenze von 1.601,00 Euro bzw. 3.202,00 Euro nicht, so muss die Anlage KAP theoretisch nicht ausgefüllt werden. Es genügt dann, auf der zweiten Seite des Mantelbogens der Einkommensteuererklärung das entsprechende Kästchen anzukreuzen.

Unter gewissen Umständen kann es allerdings auch bei Nichtüberschreiten der genannten Grenzen vorteilhaft sein, die Anlage KAP auszufüllen. Dies kann zum Beispiel der Fall sein, wenn Sie negative Einkünfte aus Kapitalvermögen haben, die Sie geltend machen möchten, oder Zinsabschlag- oder Kapitalertragsteuer einbehalten wurde.

- Werbungskosten

Ohne Einzelnachweis kann der Anleger einen Werbungskostenpauschbetrag von 51,00 bzw. 102,00 Euro (bei Zusammenveranlagung) in Anspruch nehmen. Höhere Werbungskosten können nur mit entsprechenden Nachweisen geltend gemacht werden. Sind keine Werbungskosten in der Steuererklärung angegeben oder sind sie geringer als der Pauschbetrag, setzt das Finanzamt automatisch den Pauschbetrag an.

Soweit sich Werbungskosten auf Fondserträge beziehen, die dem Halbeinkünfteverfahren unterliegen, können sie auch nur zur Hälfte geltend gemacht werden. Solche sind in Zeile 55, Spalte 2, anzugeben.

b) Gewinne aus privaten Veräußerungsgeschäften i. S. § 23 EStG: Anlage SO

Herr Mustermann muss einen Spekulationsgewinn für die Veräußerung von 200 Anteilen angeben, da nur für 200 Anteile ausgeschlossen werden kann, dass sie außerhalb der Spekulationsfrist von einem Jahr gekauft wurden. 1.000 Anteile befinden sich schon seit September 2001 im Besitz von Herrn Mustermann, also länger als ein Jahr.

Veräußerungserlös für 200 Anteile (60,50 Euro x 200)	12.100,00 Euro
Anschaffungskosten für 200 Anteile (56,20 Euro x 200)	11.240,00 Euro
Spekulationsgewinn i. S. § 23 Abs. 1 Nr. 2 EStG	**860,00 Euro**

In der Anlage SO sind folgende Angaben zu machen:

Zeile 42: Anteile an Exchange Traded Funds

Zeile 43: Anschaffungs- und Veräußerungsdatum

Zeile 44: 12.100,00 Euro

Zeile 45: 11.240,00 Euro

Zeile 47: 860,00 Euro

Zeile 50: 860,00 (nicht dem Halbeinkünfteverfahren unterliegend)

Befänden sich im Eigentum von Herrn Mustermann auch Anteile an ausländischen ETFs, müsste er zusätzlich die Anlage AUS zur Einkommensteuererklärung ausfüllen.

Name und Vorname / Gemeinschaft	Anlage KAP	Bitte Steuerbescheinigung(en) im Original beifügen!	2002
Mustermann, Max	[X] zur Einkommensteuererklärung		99 54
Steuernummer 0815 4711	[ ] zur Feststellungserklärung		

Einkünfte aus Kapitalvermögen, Anrechnung von Steuern

Zeile	Inländische Kapitalerträge	Einnahmen (einschließlich freigestellter Einnahmen, anzurechnender / vergüteter Kapitalertragsteuer / Zinsabschlag / Solidaritätszuschlag, Körperschaftsteuer)		In Spalten 2 und 3 enthaltene Einnahmen ohne Steuerabzug aufgrund von Freistellungsaufträgen	Anzurechnen sind inländische(r):	
1		Steuerpfl. Person Ehemann Gemeinschaft EUR	Ehefrau EUR	EUR	Kapitalertragsteuer lt. beigefügter Steuerbescheinigungen	Zinsabschlag
2	Zinsen und andere Erträge (ohne Dividenden)	2	3	4	EUR Ct 5	EUR Ct 6
3						
4	aus Guthaben und Einlagen (z. B. Sparguthaben)					
5	aus Bausparguthaben					
6	aus festverzinslichen Wertpapieren (einschließlich Stückzinsen)					
7	aus Tafelgeschäften mit festverzinslichen Wertpapieren					
8	aus Investmentanteilen (einschließlich Zwischengewinne)					
9	aus sonstigen Kapitalforderungen jeder Art, die dem Zinsabschlag unterliegen (z. B. Instandhaltungsrücklagen)					
10	aus Wandelanleihen und Gewinnobligationen					
11	aus Lebensversicherungen, soweit einkommensteuerpflichtig					
12	aus stiller Gesellschaft / bei partiarischen Darlehen					
13	die vom Finanzamt für Steuererstattungen gezahlt wurden					
14	aus sonstigen Kapitalforderungen jeder Art die nicht dem Zinsabschlag unterliegen (z. B. Darlehen zwischen Privatpersonen)					
15	Summe der Zeilen 4 bis 14	30 0	31 0		35 0,00	40 0,00
16						
17	Dividenden und ähnliche Erträge – Anrechnungsverfahren –				Körperschaftsteuer EUR Ct	
18	aus Aktien und anderen Anteilen (auch bei Tafelgeschäften)					
19	aus Investmentanteilen					
20	Summe der Zeilen 18 und 19	14 0	15 0		60 0,00	34 0,00
21	Summe der vergüteten Körperschaftsteuer	88 EUR Ct				
22						
23	Dividenden und ähnliche Erträge – Halbeinkünfteverfahren –					
24	aus Aktien und anderen Anteilen (auch bei Tafelgeschäften)					
25	aus Investmentanteilen	1.950			390,00	
26	aus Leistungen einer nicht von der Körperschaftsteuer befreiten Körperschaft, Personenvereinigung oder Vermögensmasse					
27	Summe der Zeilen 24 bis 26	16 1.950	17 0		61 390,00	

Anlage KAP   für Einkünfte aus Kapitalvermögen – Aug. 2002

Abb. 37: Anlage KAP zur Einkommensteuererklärung (Vorderseite)

Zeile	Ausländische Kapitalerträge	Einnahmen (einschließlich freigestellter Einnahmen, anzurechnender / vergüteter Kapitalertragsteuer / Zinsabschlag / Solidaritätszuschlag, Körperschaftsteuer)		In Spalten 2 und 3 enthaltene Einnahmen ohne Steuerabzug aufgrund von	Anzurechnen ist inländischer Zinsabschlag lt. beigefügter Steuerbescheinigung
30	Anlage AUS beachten				
31	(Einnahmen einschließlich der anzurechnenden / abzuziehenden ausländischen Quellensteuern, die in den Zeilen 5 bis 33 der Anlage AUS einzutragen sind, soweit	Steuerpfl. Person Ehemann Gemeinschaft EUR	Ehefrau EUR	Freistellungsaufträgen EUR	EUR Ct
32	sie nicht aus inländischem Sondervermögen stammen.)	2	3	4	5
33	Erträge aus ausländischen Investmentanteilen	22	23		62
34	Zinsen aus Sparguthaben, festverzinslichen Wertpapieren und sonstige ausländische Kapitalerträge	32	33		63
35	Dividenden	24	25		
36	Hinzurechnungsbetrag nach § 10 AStG	28	29		

Zeile	Erträge aus Beteiligungen	Steuerpfl. Person Ehemann Gemeinschaft	Ehefrau		
37					
38	1. Beteiligung (Gemeinschaft, Finanzamt, St.Nr.)				
39	2. Beteiligung (Gemeinschaft, Finanzamt, St.Nr.)				
40	Inländische Zinsen und andere Erträge einschließlich Erträge aus Sondervermögen (ohne Dividenden)	42	43		
41	Ausländische Zinsen und andere Erträge (ohne Dividenden)	44	45		
42	Inländische Dividenden und ähnliche Erträge, für die noch das Anrechnungsverfahren gilt (einschließlich Erträge aus Sondervermögen)	46	47		
43	Inländische Dividenden und ähnliche Erträge, für die das Halbeinkünfteverfahren gilt (einschließlich Erträge aus Sondervermögen)	48	49		
44	Ausländische Dividenden	50	51		
45	Erträge aus Gesellschaften / Gemeinschaften / ähnlichen Modellen i. S. d. § 2 b EStG, für die das Halbeinkünfteverfahren nicht gilt				
46	Dividenden und ähnliche Erträge aus Gesellschaften / Gemeinschaften / ähnlichen Modellen i. S. d. § 2 b EStG, für die das Halbeinkünfteverfahren gilt				

Zeile	Anzurechnende Steuern	Kapitalertragsteuer		Zinsabschlag		Körperschaftsteuer	
47							
48	aus Beteiligungen und anderen Einkunftsarten	EUR	Ct	EUR	Ct	EUR	Ct
49	Anzurechnende Kapitalertragsteuer / anzurechnender Zinsabschlag / anzurechnende Körperschaftsteuer aus Beteiligungen und anderen Einkunftsarten	64		65		66	

Zeile	Anzurechnende Solidaritätszuschläge	EUR	Ct		
50					
51	Summe aller anzurechnenden Solidaritätszuschläge zur Kapitalertragsteuer / zum Zinsabschlag	39 **21,45**			

Zeile	Werbungskosten	Steuerpfl. Person Ehemann Gemeinschaft	Ehefrau	davon gesondert und einheitlich festgestellt
52				
53				
54	Werbungskosten zu den inländischen Kapitalerträgen lt. den Zeilen 4 bis 14, 18, 19, 40 und 42	12	13	
55	Werbungskosten zu den inländischen Kapitalerträgen lt. den Zeilen 24 bis 26 und 43	82	83	
56	Abzuziehende ausländische Steuern nach § 34 c Abs. 2 und 3 EStG zu den Zeilen 8, 19 und 25	52	53	
57	Werbungskosten zu den ausländischen Kapitalerträgen lt. den Zeilen 33, 34 und 41	18	19	
58	Werbungskosten zu den ausländischen Dividenden lt. den Zeilen 35 und 44	86	87	
59	Abzuziehende ausländische Steuern nach § 34 c Abs. 2 und 3 EStG zu den Zeilen 33 bis 35, 41 und 44	26	27	
60	Werbungskosten zu den Beteiligungen an Gesellschaften / Gemeinschaften / ähnlichen Modellen i. S. d. § 2 b EStG lt. Zeile 45			
61	Werbungskosten zu den Beteiligungen an Gesellschaften / Gemeinschaften / ähnlichen Modellen i. S. d. § 2 b EStG lt. Zeile 46			

§ 12 Abs. 3 AStG	§ 13 Abs. 3 AStG			
80	81			

Abb. 38: Anlage KAP zur Einkommensteuererklärung (Rückseite)

Name und Vorname/ Gemeinschaft **Mustermann, Max**	**Anlage SO**
Steuernummer **0815 4711**	[X] zur Einkommensteuererklärung
	[ ] zur Feststellungserklärung

2002 99 | 55

Sonstige Einkünfte

Zeile	**Leibrenten**			Steuerpflichtige Person					
				Ehemann		Ehefrau			
1	Einnahmen								
2	Altersrente (Arbeiterrenten- oder Angestellten-Versicherung)		[ ] 1. Rente	[ ] 2. Rente	[ ] 1. Rente	[ ] 2. Rente			
3	Berufs- oder Erwerbs-unfähigkeitsrenten / Erwerbsminderungsrenten		[ ]	[ ] (Angaben zu weiteren Renten bitte auf beson-derem Blatt)	[ ]	[ ] (Angaben zu weiteren Renten bitte auf beson-derem Blatt)			
4	Witwen-/ Witwerrenten		[ ]	[ ]	[ ]	[ ]			
5	Sonstige Renten (z. B. Bergmannsrenten, Knappschaftsruhegeld)		[ ]	[ ]	[ ]	[ ]			
6	Renten aus (z.B. Grund-stücksveräußerungen, Versiche-rungsverträgen; bitte angeben)								
7	Die Rente läuft seit	Tag Monat Jahr	Tag Monat Jahr	Tag Monat Jahr	Tag Monat Jahr				
8	Die Rente erlischt mit dem Tod von								
9	Die Rente erlischt/ wird umgewandelt spätest. am	Tag Monat Jahr	Tag Monat Jahr	Tag Monat Jahr	Tag Monat Jahr				
10	Rentenbetrag (ohne 2002 zugeflossene Nachzahlungen für mehrere Jahre)	50 EUR	54 EUR	51 EUR	55 EUR				
11	Falls bekannt: Ertragsanteil der Rente	52 %	56 %	53 %	57 %				
12	Werbungskosten (Summe je Person)	48 EUR		49 EUR		40	Renteneink. § 34		
13	Nachzahlungen für mehrere Jahre (in Zeile 10 nicht enthalten)	42 EUR	44 EUR	43 EUR	45 EUR	41	Renteneink. § 34		

Zeile	**Andere wiederkehrende Bezüge / Unterhaltsleistungen**	Steuerpflichtige Person Ehemann EUR	Ehefrau EUR
14	Einnahmen aus		
15		58	59
16	Unterhaltsleistungen, soweit sie vom Geber als Sonderausgaben abgezogen werden können	46	47
17	Werbungskosten zu den Zeilen 15 und 16	60	61
18	**Leistungen**		
19	Einnahmen aus	64	65
20	Werbungskosten	76 —	77 —
21	Einkünfte	0	0
22	Die nach Maßgabe des § 10 d Abs. 1 EStG in 2001 vorzunehmende Verrechnung nicht ausgeglichener negativer Einkünfte 2002 aus Leistungen (Zeile 21) soll it. **Anlage VA** begrenzt werden.		
23	**Abgeordnetenbezüge** Steuerpflichtige Einnahmen ohne Vergütungen für mehrere Jahre	70	71
24	In Zeile 23 enthaltene Versorgungsbezüge	72	73
25	Vergütungen für mehrere Jahre (in Zeile 23 nicht enthalten) lt. Angaben auf besonderem Blatt	74	75
26	In Zeile 25 enthaltene Versorgungsbezüge	66	67
27	**Leistungen aus Altersvorsorgeverträgen** Einnahmen lt. beigefügter Bescheinigung(en)	Anzahl	Anzahl
28	Werbungskosten	84 EUR	85 EUR
29	**Sonstiges** Anteile an Einkünften aus Gesellschaften / Gemeinschaften / ähnlichen Modellen i. S. d. § 2 b EStG		

Anlage SO für sonstige Einkünfte   erzeugt mit formblitz   kostenlos bei www.formblitz.de

Abb. 39: Anlage SO zur Einkommensteuererklärung (Vorderseite)

- 2 -

Zeile					
	Private Veräußerungsgeschäfte				
30	**Grundstücke und grundstücksgleiche Rechte** (z. B. Erbbaurecht)	In den Zeilen 34 bis 41 bitte nur den steuerpflichtigen Anteil erklären			
31	Bezeichnung des Grundstücks (Lage) / des Rechtes				
32	Zeitpunkt der Anschaffung (z. B. Datum des Kaufvertrags, Zeitpunkt der Entnahme aus dem Betriebsvermögen)	Datum	Zeitpunkt der Veräußerung (z. B. Datum des Kaufvertrags, auch nach vorheriger Einlage ins Betriebsvermögen)	Datum	
33	Nutzung des Grundstücks bis zur Veräußerung	zu eigenen Wohnzwecken; von - bis; m^2	zu anderen Zwecken, z.B. als Arbeitszimmer, zur Vermietung	von - bis; m^2	
34	Veräußerungspreis oder an dessen Stelle tretender Wert (z. B. gemeiner Wert)			EUR	
35	Anschaffungs- / Herstellungskosten oder an deren Stelle tretender Wert (z. B. Teilwert, gemeiner Wert) ggf. zzgl. nachträglicher Anschaffungs- / Herstellungskosten			–	
36	Absetzungen für Abnutzung / Erhöhte Absetzungen / Sonderabschreibungen			+	
37	Werbungskosten im Zusammenhang mit dem Veräußerungsgeschäft			–	
38	Gewinn / Verlust (zu übertragen nach Zeile 40)			= 0	
39			Stpfl. / Ehemann/ Gemeinschaft EUR	Ehefrau EUR	
40	**Zurechnung des Betrags aus Zeile 38**		10	11	
41	Gewinne / Verluste aus weiteren Veräußerungen von Grundstücken und grundstücksgleichen Rechten (Erläuterungen bitte auf einem besonderen Blatt)		12	13	
42	**Andere Wirtschaftsgüter** (insbesondere Wertpapiere)	Art des Wirtschaftsguts: Anteile an Exchange Traded Fund			
43	Zeitpunkt der Anschaffung (z. B. Datum des Kaufvertrags)	Datum: 30.06.2002	Zeitpunkt der Veräußerung (z. B. Datum des Kaufvertrags)	Datum: 30.12.2002	
44	Veräußerungspreis oder an dessen Stelle tretender Wert (z. B. gemeiner Wert)			EUR 12.100	
45	Anschaffungskosten (ggf. gemindert um Absetzung für Abnutzung) oder an deren Stelle tretender Wert (z. B. Teilwert, gemeiner Wert)			– 11.240	
46	Werbungskosten im Zusammenhang mit dem Veräußerungsgeschäft			–	
47	Gewinn / Verlust (zu übertragen nach Zeile 50)			= 860	
48		Dem **Halbeinkünfteverfahren** unterliegend		**Nicht** dem **Halbeinkünfteverfahren** unterliegend	
49		Stpfl. / Ehemann / Gemeinschaft EUR	Ehefrau EUR	Stpfl. / Ehemann / Gemeinschaft EUR	Ehefrau EUR
50	**Zurechnung des Betrags aus Zeile 47**	26	27	14 860	15
51	Gewinne / Verluste aus weiteren Veräußerungen von anderen Wirtschaftsgütern (Erläuterungen bitte auf einem besonderen Blatt)	28	29	16	17
52	**Termingeschäfte** (z. B. Optionen, Optionsscheine, Futures)	Bezeichnung des Termingeschäfts			
53	Zeitpunkt des Erwerbs des Rechts (z. B. Kauf eines Optionsscheins)	Datum	Zeitpunkt der Beendigung des Rechts	Datum	
54	Differenzausgleich, Geldbetrag oder sonstiger Vorteil aus dem Termingeschäft			EUR	
55	Werbungskosten im Zusammenhang mit dem Termingeschäft (z. B. Aufwendungen für den Erwerb des Rechts)			–	
56	Gewinn / Verlust (zu übertragen nach Zeile 58)			= 0	
57			Stpfl. / Ehemann/ Gemeinschaft EUR	Ehefrau EUR	
58	**Zurechnung des Betrags aus Zeile 56**		18	19	
59	Gewinne / Verluste aus weiteren Termingeschäften (Erläuterungen bitte auf einem besonderen Blatt)		20	21	
60	**Anteile an Einkünften** (ohne steuerfreien Teil der Einkünfte, für die das Halbeinkünfteverfahren gilt)	Gemeinschaft, Finanzamt, Steuernummer	22	23	
61	In Zeile 60 enthaltener steuerpflichtiger Teil der Einkünfte, für die das **Halbeinkünfteverfahren** gilt		24	25	
62	☐ Die nach Maßgabe des § 10 d Abs. 1 EStG in 2001 vorzunehmende Verrechnung nicht ausgeglichener negativer Einkünfte 2002 aus privaten Veräußerungsgeschäften soll lt. **Anlage VA** begrenzt werden.				

Anlage SO für sonstige Einkünfte — erzeugt mit formblitz — kostenlos bei www.formblitz.de

Abb. 40: Anlage SO zur Einkommensteuererklärung (Rückseite)

ETF-inside

ETF-inside – dieses Kapitel lässt Sie mit hochaktuellen und spannenden Artikeln hinter die Kulissen der ETF-Fabrik blicken. Die Berichte stammen aus der Praxis für die Praxis und plaudern aus dem Nähkästchen – „to get a look inside"!

Die nachfolgenden Artikel wurden von uns weder gekürzt noch abgeändert. Auch eine Übersetzung ins Deutsche hielten wir an dieser Stelle aus Gründen der Exklusivität und Inhaltstreue nicht für angebracht.

A PRIMER ON ETFs

Autorin: Deborah A. Fuhr

Zur Person:

Deborah Fuhr ist Executive Director, Global Exchange Traded Fund Research bei Morgan Stanley in London. Tel. +44 20 7425 5598; Email: Deborah.Fuhr@MorganStanley.com

Introduction

Exchange Traded Funds (ETFs) have become popular and widely used investment vehicles. In a world in which new financial products come and go in the blink of an eye, ETFs might well be considered the leading financial innovation of the last decade. Since the first fund was launched in the US in 1993, ETFs have opened a new panorama of investment opportunities. Essentially index funds that are listed and traded on exchanges like stocks, they allow investors to gain broad exposure to specific segments of equity markets with relative ease, on a real-time basis, and at a lower cost than many other forms of investing. ETFs are based on sector, large-cap, mid-cap, small-cap, value, growth, domestic, interantional country and regional equity indices as well as on corporate and government fixed income indices. ETFs can be used to short indexes even on a down tick in the US, can be purchased on margin, are lendable, and are purchased on a commission basis just like other equities.

ETFs offer many advantages. We believe that growth in the use of ETFs reflects their many advantages. They trade throughout the day on major securities exchanges and can be bought and sold using market, limit, or stop orders. ETFs are flexible non-derivative investments that allow investors to quickly react to short- and long-term needs or opportunities. As such, they may serve as an alternative to futures, trading baskets of stocks, and traditional mutual funds. ETFs do not have any sales loads, although they do, like mutual funds, have annual expense ratios, albeit less than traditional funds, ranging from 0.0945 % to 0.99 %. In fact, ETFs have some of the lowest expense ratios among registered investment products. Recent interest from individual investors has been partially fuelled by attempts to avoid accounting, earnings, and other stock-specific risk.

Global ETF Growth

Growth in assets and the number of funds globally has been dramatic. At the end of the second quarter 2003, there were 291 ETFs globally with 383 listings, US$167.99 billion in assets, and average daily trading volume of 196 million shares (US$8.9 billion). This was a dramatic increase from 1993 when there were just three ETFs with US$811 million in assets. Currently, there are 33 ETF managers in 21 countries with listings on 27 exchanges. During 2003, 22 new ETFs were launched and nine ETFs were delisted.

Asset growth has been led by US-listed funds. ETFs listed in the US have soared to 114 funds and $121 billion in assets at the end the second quarter of 2003, from two funds with $1.1 billion in 1995. ETFs currently account for around 26 % of all indexed mutual fund assets in the US and are among the most actively traded equities. January 29, 2003 marked the 10th anniversary of the first ETF listing in the US.

Current users of ETFs

Major players in the ETF market have traditionally been large institutional investors. Historically institutions have used ETFs to index core holdings or pursue more aggressive market timing and sector rotation strategies. However, since smaller institutions and retail investors can trade in small lots, they also can invest on the same terms as larger investors. Investors now have a nearly complete toolkit given the array of 291 ETFs that are available at the end of June 2003 to track indices on a regional, country, sector, or industry basis. ETFs can be used to follow overall movements in particular market segments and hence avoid exposure to individual stocks.

Institutional use of ETFs is growing. We have seen significant growth in the number of institutional investors reporting holding one or more US listed ETF, rising to over 1,300, from less than 500 three years ago. Nearly 900 institutions have started using US ETFs during the past three years. In addition, the number of hedge funds reporting using US ETFs has increased by 84 %, from 50 last year to 92 this year. Many mutual funds have embraced the idea that ETFs are efficient tools to equitise cash, implement hedge or short strategies, and gain exposure to specific market segments throughout the trading day.

Institutional use of US-listed ETFs has also grown in Europe. Over the past three years, the number of European institutions using US-listed ETFs has grown from 32 to 295. In the past year significant increases in the number of institutions using US ETFs have occurred in Italy, up 45 % from 20 to 29, the United Kingdom, up 33 % from 43 to 57, and Spain, up 24 % from 45 to 56.

Recent Market Developments

We expect institutional use to continue to increase. In our view, the use of ETFs by mutual funds in the US and Europe should increase. An exemptive relief granted by the SEC in the US and the implementation of UCITS III in Europe will likely enable more investors to participate in the market. In May 2003 Barclays Global Investors (BGI) received an exemptive order from the US Securities and Exchange Commission (SEC) permitting mutual funds to invest in the iShares exchange-traded funds (ETFs) in excess of the limits of sections 12(d)(1). It is expected that the other sponsors/managers of ETFs in the US will apply for the same relief for the ETFs that they manage. In Europe, UCITS III seeks to widen and broaden the range of funds and activities permitted by UCITS managers. Currently, a UCITS fund is typically allowed to invest only up to 5 % of its AUM in other funds, including ETFs that are UCITS compliant. Under UCITS III, up to 100 % of a UCITS fund's net assets can be invested in other funds subject to certain requirements.

Advantages

Index-linked products offer several advantages. They tend to be lower-risk investments than individual stocks because of diversification. In addition, ETFs are more transparent than mutual funds because they disclose their holdings daily and are not subject to ‚style drift'. This can occur, for example, when an active manager changes a portfolio's emphasis from value to growth. However, managers of index funds cannot use fundamental analysis to pick overweights or underweights to gain potential outperformance.

ETFs are listed on major exchanges, allowing investors to buy and sell them at stated market prices. This helps to reduce the uncertainty inherent in traditional open-end funds of buying shares intraday at prices to be determined at the close. Index-linked ETFs can also be shorted, providing extra flexibility for hedging or market-timing strategies.

Index-linked ETFs have some of the lowest expenses of any registered investment product. Their expense ratios are significantly lower than those of traditional mutual funds. However, ETF investors generally have to pay commissions when they buy or sell shares. ETF expenses are deducted from daily net asset values, which may lead to underperformance over time relative to their benchmarks.

A fund's expenses can have a significant impact on the returns of long-term investors. If a shareholder invested US$ 10,000 for 25 years at a net return of 10 % per year, he or she would have US$ 108,347 at the end of the period. The same investment yielding 9.5 % (assuming fees were 50 basis points higher) would be worth US$ 96,683.

ETFs typically offer strong liquidity. ETFs settle just like any other shares on the exchange. They are transparent, as the fund manager discloses the underlying basket of shares to the market every day and, unlike traditional funds, are not subject to style drift. ETFs afford investors two forms of liquidity: 1) via the trading of shares on a secondary basis on the exchange and for very large size trades, and 2) via the „creation" process where an „authorised participant" or „market maker" purchases the underlying basket of shares in the local market and deposits the basket „in kind" with the ETF manager in exchange for more shares in that ETF. The redemption process works in a similar fashion: the „authorised participant" or „market maker" delivers ETF units to the ETF manager and takes delivery of the underlying basket of shares. This unique creation/redemption process means that the liquidity in the ETF is driven by the liquidity in the underlying shares.

Many US-listed ETFs have listed options. In the US there are options on the majority of ETFs. In Europe there are now options on seven ETFs, which offer strategies for managing the risk or expanding opportunities for profit. Because ETFs are traded like stock, ETF options are very similar to stock options. Just as stock options settle in shares of stock, ETF options settle in ETFs.

Passive management may offer superior returns. Historically, actively managed open-end funds have underperformed their benchmarks. In our view, taxes have been a major contributing factor to underperformance relative to their benchmarks. According to Morningstar, the majority of open-end funds underperformed their benchmarks over a ten year period after accounting for taxes. This was most prevalent for large cap funds, where only 6 % large-cap growth, 7 % large-cap blend, and 2 % large-cap value managers outperformed. These returns were calculated under the old tax laws and would look better under the new laws that give tax advantages to both ETFs and open-end funds. Given the relative tax advantages of index-linked ETFs, investors may seek to own ETFs in taxable accounts and hold actively managed funds in tax advantaged accounts.

Investment Applications

ETFs have many investment applications. In our view, broad-based ETFs can serve as diversified core holdings, while style and sector ETFs can be used to complete parts of a portfolio or for tactical strategies. Due to their targeted exposure to specific market segments, we believe ETFs generally work well within the macro asset allocation and sector emphasis models developed by equity strategists. They also help provide efficient ways to gain international diversification. Another benefit of ETFs is that they are complementary to most other investment products. They can be used together with common stocks, private asset managers, and other fund products. We summarise some of these strategies below and provide more detail in the following sections.

Investors may buy ETFs to diversify their assets. ETFs are passively managed portfolios designed to provide relatively low-cost investments in broad-based or proprietary indices. Some ETFs offer relatively low-risk, broadly diversified portfolios, which many investors may find attractive as the core equity components of their portfolios. Others offer diversified investments in particular styles, sectors, industries, regions or countries.

Index-linked ETFs based on broad-market indices can serve as good core holdings. We believe it is essential to have core equity holdings, especially in today's environment of increased market volatility. Since no single sector, style, or stock consistently outperforms its peers, having core holdings invested in broad-market indices not only helps reduce volatility but also can achieve competitive returns for the overall portfolio.

ETFs work well with strategic asset-allocation models. In our view, asset-allocation models have two primary applications for investors:

1) As the framework for an entire portfolio. Investors desiring a complete asset-allocation strategy may find this appealing, as they merely have to purchase appropriate investments for each market segment in their proper weightings and occasionally rebalance their portfolios.

2) **As the core portion of a portfolio.** Those seeking an approach with more active trading may find a core/satellite investment strategy appropriate. In this case, the model can serve as a core. In an effort to increase returns, shorter-term tactical strategies, such as stock, sector, style, or country overweights, may then be employed as satellite investments. Core holdings can help ensure that a portfolio's performance does not deviate widely from established benchmarks, while satellite investments constitute active plays in an effort to increase returns.

ETFs can be used for targeted sector exposure. Sector ETFs can be used for the tactical portion of one's portfolio or as ways to gain exposure to under-represented sectors in a portfolio. They can also serve as the building blocks for a sector model.

ETFs also offer a way to gain exposure to international equities. They provide access to baskets of stocks in specific countries or regions in the form of an individual listed security. Most ETFs are well diversified and thus typically provide a less volatile way to obtain exposure to given countries than the purchase of individual stocks or GDRs. They also provide convenient investments in markets and securities that otherwise might be inaccessible.

Investors can use ETFs as a cash management tool. They can purchase index-linked ETFs to ‚equitise' cash inflows that could eventually be invested in stocks. Equitising cash simply refers to investing cash in a way that provides exposure to the performance of an equity security or index. This can be done in relatively small increments – ETFs typically trade in round lots with the price of a share ranging from approximately US$6 to US$ 150. As an alternative to futures, ETFs can be bought in smaller sizes, do not require any special documentation or accounts, and do not have roll costs or margin requirements. In addition, the current array of ETFs covers many benchmarks for which there is no futures contract.

Asset allocation. ETFs can be used to target sectors where there are no futures contracts. For settlement and administrative purposes, ETFs are a more efficient way of investing than purchasing a basket of individual stocks to track a given benchmark. They can also be a core holding in a multi-asset portfolio, providing a level of diversification that would otherwise be time consuming and expensive to attain by purchasing the underlying shares.

Core holdings. ETFs can form the core holding in a portfolio with the aim of reducing portfolio risk. A core holding can help to ensure that a portfolio's performance does not widely deviate from an established benchmark.

Implement sector allocation or sector rotation models. ETF products can be used to implement sector rotation and sector allocation strategies. They can also be used to adjust sector or country exposure.

ETFs can be sold short to hedge a portfolio of stocks, closed-end funds or open-end mutual funds. This allows an investor to preserve a portfolio while protecting it from overall market losses. In a market decline, profits on an index-linked ETF short position could offset some of the losses incurred by the portfolio. Listed options are available on certain ETFs and can be used for income-producing, risk-reducing, and speculative strategies. Listed options also exist for many of the same indices on which ETFs are based, allowing for additional hedging and arbitrage strategies.

ETFs provide low-cost, liquid trading vehicles. They can be used by market timers wishing to gain or reduce exposure to entire market segments or sectors throughout the trading day. They also can be used for targeted asset allocation or sector rotation strategies. Index-linked ETFs can be shorted throughout the trading day subject to the availability of applicable stock borrows.

Investment Concerns

ETFs possess risks related to the stocks in their underlying indexes. ETFs are subject to risks applicable to any investment in portfolios of common stocks, including that of generally lower prices and the chance that they may underperform more concentrated or actively managed portfolios. By targeting performance in line with indexes, investors are also forgoing opportunities to outperform.

Index-linked ETFs are subject to ‚tracking error‘ risks. Factors such as expenses, imperfect correlation between an ETF's stocks and those in its underlying index, rounding, changes to indexes, and regulatory policies may cause an ETF's return to deviate from that of its underlying index. Six major sources of tracking error are summarised below.

- **Fees and expenses.** Expenses of all fund products reduce total returns. Although index-linked ETFs have the low expense ratios, fees will cause an ETF to underperform its index over time.

- **Premiums/discounts.** On any date, the closing price of an ETF may be at a premium or discount to its net asset value (NAV). This will affect reported performance of the ETF versus its index for periods ending that date.

- **Dividend reinvestment.** Some ETFs hold dividends in cash and only pay them out to investors on a periodic basis. In contrast, some ETFs can reinvest dividends daily. A lag individend reinvestment can cause small underperformance in rising markets and small outperformance in falling markets.

- **Optimised replication.** Many ETFs use computer optimisation techniques to design portfolios to closely track the index while minimizing transaction costs. Under this technique, the ETF omits or underweights some stocks (usually the less liquid or smaller-cap stocks). This technique, if properly used, should have only a minor effect on tracking.

- **Rebalancing.** Index-linked ETFs are required to make changes in the composition of their portfolios when stocks are added to or dropped from the index. The timing, market impact, and transaction costs of the changes can affect performance.

- **Non-concurrent trading hours.** Some ETFs trade in the United States when their underlying markets are closed. For example, the Japanese market is closed while an ETF tracking the Japanese market is trading on the American Stock Exchange. Given increased correlation between markets, ETFs based on the Japanese market may appear to be at a premium prior to the start of the trading day in Japan when the US market is up in anticipation that the Japanese market will rally. Similarly, on a down day in the US, the ETF on the Japanese market may appear to be at a discount.

Basic ETF Structures

Index-linked exchange-traded funds (ETFs) have distinctive features. Each ETF is designed to track a specific index or basket of securities. They provide access to investment styles, asset classes, markets, and different sectors. Index-linked ETFs in the US have three main structures: (1) open-end mutual funds, (2) unit investment trusts (UITs), and (3) grantor trusts.

Most ETFs are structured as open-end funds. They are registered under the Investment Company Act of 1940 and operate with SEC exemptions. Although most open-end structured ETFs fully replicate their underlying index, they have the capacity to employ optimization and sampling techniques. These ETFs may exclude certain securities and deviate from their benchmark constituent weightings, which could lead to tracking error. The open-end structure allows funds to lend stock, which may generate extra income. In addition, these funds can hold other securities and financial instruments, including cash and equivalents, and futures. Dividends are reinvested in the fund on the day of receipt and are paid quarterly or semiannually.

Eight ETFs are structured as unit investment trusts (UITs). These ETFs are registered under the Investment Company Act of 1940 and operate with SEC exemptions. ETFs structured as UITs must fully replicate the holdings of their underlying index. Also, lending of stocks is not allowed. Dividends paid on the underlying stocks are usually held as cash and paid out monthly, quarterly or semiannually.

HOLDRS are structured as grantor trusts. Each HOLDRS provides investors with beneficial ownership in its underlying securities. They are similar to owning an ADR or the underlying basket of stocks, as investors receive ongoing dividends, company reports, and have voting rights for each constituent stock. In addition, individual investors have the ability to redeem HOLDRS for the underlying shares, however, trades must be in round lots of 100 shares. Management fees are low and are paid out of dividends. These trusts are not registered as investment companies under the Investment Company Act of 1940. HOLDRS are never rebalanced, which may lead to abnormal weightings among constituents. Stocks may drop out of a basket due to mergers, acquisitions or other events.

ETFs tend to trade at or close to the NAV of the underlying basket of shares. It is believed that there are arbitrageurs waiting to take advantage of significant premium or discount relative to the underlying index. An arbitrageur would typically buy or sell the ETF and place an offsetting buy or sell transaction in the underlying basket of component stocks or futures.

These materials have been prepared solely for informational purposes based upon information generally available to the public from sources believed to be reliable. No representation or warranty, express or implied is given with respect to their accuracy or completeness, and the information contained in them may change without notice. The information contained herein is not intended as tax, legal or investment advice and may not be suitable for your specific circumstances or objectives. ETFs may not be sold, marketed or offered in certain jurisdictions – Potential investors should obtain the relevant Prospectus prior to investing. Past performance is not necessarily indicative of future performance. These materials do not constitute an offer to buy or sell or a solicitation to buy or sell any financial instrument. Morgan Stanley may have positions, act as a creation/redemption agent, or make markets in, or effect transactions on a principal basis, in the products discussed herein or any underlying instruments and may provide advice and services to the issuers of the products discussed herein or any underlying instrument. The opinions expressed in this article are strictly those of the author and not of Morgan Stanley. Morgan Stanley is an authorized participant in most ETFs and earns certain licensing and other fees from certain ETF sponsors.

DIVERSIFIKATION SENKT DAS RISIKO

Autorin: Simona Gambini

> **Zur Person:**
>
> Simona Gambini ist bei STOXX Ltd. für die Bereiche Public Relations und Marketing verantwortlich. Tel. +41 (1) 229 2331; Email: simona.gambini@stoxx.com

Indexfamilien wie STOXX werden zu einem immer wichtigeren Hilfsmittel für die Anleger, um ganze Märkte bequem abzudecken.

Ist das der große Aktienaufschwung, oder nähert sich die Hausse gar schon ihrem Ende, wie einige Analysten bereits wieder orakeln? Beeindruckend ist zumindest die Performance, die die Aktienmärkte seit Mitte März dieses Jahres aufweisen. Am einfachsten lässt sich diese Performance an der Entwicklung der allseits bekannten und viel zitierten Blue Chip Indizes, wie dem DAX, dem DJ EuroStoxx 50 oder dem Dow, nachvollziehen.

Was ist ein Blue-Chip-Index, und was macht sie so beliebt bei Investoren? Eine allgemein anerkannte Definition existiert nicht. Traditionellerweise setzen sich diese Indizes aus bekannten, hoch kapitalisierten und liquiden Titeln zusammen.

Weitere typische Eigenschaften, die als Voraussetzung für die Etablierung eines Index angesehen werden, sind:

- die übersichtliche Titelzahl,

- eine einfach nachvollziehbare, unnötige Überraschungen ausschließende Berechnungsmethode und

- jederzeit zugängliche Informationen wie Indexwerte, Indexzusammensetzung, Titelgewichtungen etc.

Möglicherweise lässt sich die Vorliebe für BlueChips und Blue-Chip-Index-bezogene Produkte mit dem Image der Firmen erklären. Im DAX befinden sich Aktien von Deutsche Telekom, Siemens, BMW und viele weitere, namhafte Marken. Der Bekanntheitsgrad dieser Markennamen flößt Vertrauen ein, was sich auch auf die Marke der Blue-Chip-Indizes überträgt.

Ein zusätzliches typisches Merkmal von Blue-Chip-Indizes ist deren Investier- und Handelbarkeit. Das bedeutet, dass Investoren Finanzprodukte handeln können, die genau die Zusammensetzung des gewünschten Indexes nachbilden. Solche Produkte (Indexaktien/ETFs, Zertifikate, Derivate, etc.) weisen den Vorteil auf, dass bereits der Kauf eines indexbezogenen Produktes eine substantielle Risikodiversifizierung ermöglicht, da nicht nur eine Aktie gekauft wird, sondern gleich 30 bis 50. Dadurch können auf kostengünstige Weise das Branchenrisiko sowie, je nach ausgewähltem Index, das Länder- und Währungsrisiko reduziert werden. In diesem Bereich scheint etliches, zumindest was Privatanleger anbelangt, noch „im Argen" zu liegen.

So hat zum Beispiel eine Untersuchung des Swiss Banking Institute ergeben, dass Aktienportfolios von Schweizer Privatanlegern einen schlechten Diversifizierungsgrad aufweisen: 29 % aller Aktienanleger besitzen lediglich eine einzige Aktie, 73 % besitzen höchstens deren fünf. Des Weiteren hat die Studie ergeben, dass drei Viertel des Vermögens in Blue Chips investiert ist, ein Viertel gar ausschließlich in BlueChips des Swiss Market Index (SMI).

Die übersichtliche, hoch liquide Titelzahl hält außerdem den Aufwand und die Transaktionskosten in Grenzen. Dies erhöht die Attraktivität indexbezogener Finanzprodukte sowohl für Anleger wie auch für Emittenten.

Ein Punkt darf dabei nicht übersehen werden: Blue-Chip-Indizes weisen im Vergleich zu breiter abgestützten Aktienindizes (Bsp. STOXX 600, Prime All Share) eine geringere Marktrepräsentanz und eine Tendenz zur Untergewichtung mittlerer und kleinerer Unternehmenauf. Dies ist die Kehrseite der hohen Liquidität, die Blue-Chip-Aktien wie auch indexbezogene Produkte aufweisen.

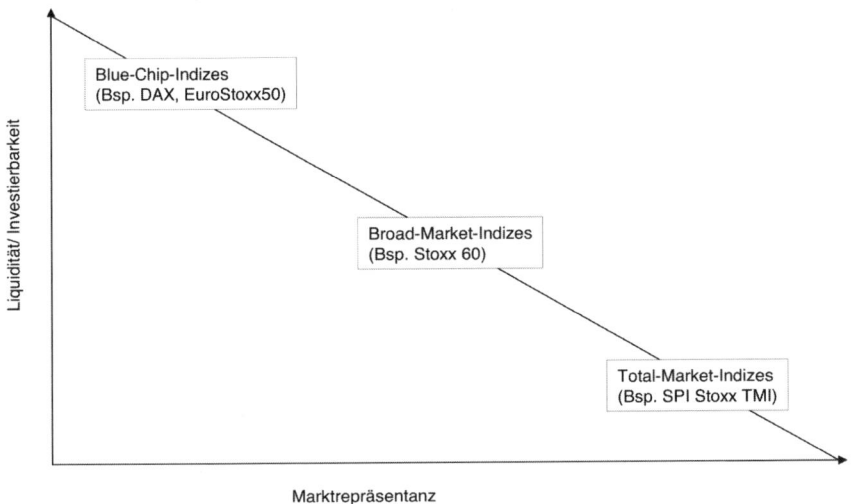

Abb. 41: Liquidität/Investierbarkeit vs. Marktrepräsentanz

Quelle: Teodoro D. Cocca, Rudolf Volkart, Swiss Banking Institute:
Equity Ownership in Switzerland 2002

EXCHANGE TRADED FUNDS – INVESTIEREN IN DIE KÖNIGSKLASSE

Autor: Thomas Pohlmann

Zur Person:

Thomas Pohlmann ist bei der INDEXCHANGE Investment AG Head of Marketing & Product Management und für das Marketing sowie das Produktmanagement verantwortlich. Tel. 089-9 26 94-81 10; Email: thomas.pohlmann@indexchange.com

Exchange Traded Funds (ETFs) sind als effiziente Portfoliokomponente inzwischen nicht mehr vom Kapitalmarkt wegzudenken.

Sie ermöglichen dem Investor, Anlagestrategien auf eine sehr einfache und äußerst kostengünstige Weise umzusetzen. Bei Exchange Traded Funds handelt es sich um passiv gemanagte Investmentfonds, die – simpel ausgedrückt – die Vorzüge von Indexfonds und Aktien verknüpfen, die jeweiligen Nachteile jedoch aussparen. So können ETFs im fortlaufenden Handel ge- und verkauft werden, wobei kontinuierlich hohe Volumina zu minimalen Spreads durch verschiedene Market Maker bereitgestellt werden.

Zusätzlich bieten ETFs ein für Fonds außergewöhnliches Preiskonzept: einfach strukturiert und äußerst günstig. Für den Börsenhandel von ETFs wird kein Ausgabeaufgeld berechnet. Die jährliche Verwaltungsvergütung beträgt derzeit bei europäischen ETFs zwischen 0,15 % und 0,6 %. Hierbei handelt es sich in aller Regel schon um die sog. Total Expense Ratio; dem Fonds werden also keine weiteren Kosten in Rechnung gestellt.

Ferner bieten ETFs einen weiteren entscheidenden Vorteil gegenüber anderen Indexanlagen: Es handelt sich um Sondervermögen, die getrennt von dem Gesellschaftsvermögen der Kapitalanlagegesellschaft verwaltet werden – ein Emittentenrisiko entfällt. Und genau diese Vorteile zusammen ergeben ein hochpräzises, schnell handelbares und sehr kosteneffizientes Anlageinstrument.

ETFs gehören zu den erfolgreichsten Anlageprodukten in den USA. Die weltweit bekanntesten ETFs heißen SPDRs („Spiders"), QQQs („Cubes") oder DIAMONDS und bilden die bekanntesten amerikanischen Aktien-Indizes S&P 500, Nasdaq 100 und Dow Jones Industrial Average ab. Bis vor drei Jahren waren ETFs ein rein amerikanisches Anlageprodukt. Im Frühjahr 2000 wurden die ersten europäischen ETFs an der Deutschen Börse gelistet. Waren Ende 2000 nur sechs ETFs in Europa erhältlich, notieren im August 2003 europaweit schon 122 indexorientierte ETFs von 15 unterschiedlichen Kapitalanlagegesellschaften mit insgesamt 206 Listings an neun verschiedenen Börsen.

Der Erfolg der ETFs in Europa liegt auf der Hand: Allein von Januar bis Juli 2003 stiegen die verwalteten Assets aller europäischer ETFs um 49,7 %

auf 15,3 Mrd. Euro an. Ähnlich positive Entwicklungen werden den Exchange Traded Funds auch für die kommenden Jahre prognostiziert. So schätzt eine Studie von Oliver, Wyman & Company für passiv gemanagte Investmentprodukte die Steigerungsraten auf mehr als 20 % jährlich bis 2006 – sowohl im Aktien- wie auch im Rentenbereich. Hierbei sollen sich die verwalteten Gelder von passiven Rentenfonds sogar von 100 Mrd. Euro auf 300 Mrd. Euro verdreifachen.

Aber nicht nur die Assets under Management, sondern auch die Handelsumsätze weisen stetige Steigerungsraten auf. So gab die Deutsche Börse AG für das erste Quartal dieses Jahres eine Steigerung der Handelsumsätze von ETFs auf Xetra von 29 % gegenüber dem Vorjahreszeitraum bekannt. Innerhalb der ersten sieben Monate dieses Jahres wurden an allen europäischen Börsen bereits ETFs im Wert von 40 Mrd. Euro umgesetzt – Experten gehen davon aus, dass zusätzlich mindestens die gleiche Summe im OTC-Markt umgesetzt wurde. Als wichtigste ETF Handelsplattformen konnten sich bislang die Deutsche Börse AG (Marktanteil 50,3 %) und die EuroNext (Marktanteil 37,2 %) etablieren.

Im Bereich der ETF-Produzenten dominieren derzeit drei Firmen das Marktgeschehen, wobei die INDEXCHANGE Investment AG aus München als einziger deutscher ETF-Anbieter mit 3,5 Mrd. Euro Assets under Management größter Emittent ist (Marktanteil 24 %), gefolgt von Lyxor (Marktanteil 20 %) und Merrill Lynch (Marktanteil 12 %). INDEXCHANGE bietet mit 35 ETFs auf Aktien- und Renten-Indizes zudem die breiteste Produktpalette in Europa.

Besonders nachgefragt werden bislang in Europa ETFs auf die nationalen Benchmark Indizes DAX und CAC40. Bei einer breiteren und europäischen Ausrichtung konzentrieren sich institutionelle und private Investoren auf die Indizes DJ EuroStoxx 50 bzw. DJ STOXX 50. Den größten Anteil im Produktangebot der Emittenten haben allerdings ETFs auf Branchenindizes. Von den in Europa angebotenen 122 ETF-Produkten beruhen 73 auf. Dieses Angebot signalisiert sehr deutlich, dass vielen Emittenten daran gelegen ist, dem Investor eine abgerundete Produktpalette zur Umsetzung der individuellen Anlagestrategie anzubieten. Dass diese Strategie bei europäischen

Investoren gut ankommt, beweisen die Zahlen: Trotz des anhaltenden Kurs-
rückgangs an den Aktienmärkten stiegen die in ETFs investierten Mittel in
Europa von Beginn 2002 bis März 2003 um 85 %.

Maßgeblichen Anteil am exponentiellen Wachstum der ETFs in Europa und
zuvor in den USA haben die speziellen Produktmerkmale der Fonds. Hier
kommt es besonders auf hohe Liquidität bei engen Bid-/Ask-Spreads, exakte
Indexabbildung, absolute Transparenz und niedrige Verwaltungskosten an.

Vorteile von Exchange Traded Funds

- **Fortlaufender Handel**

Exchange Traded Funds verfügen gegenüber herkömmlichen Fonds über
den entscheidenden Vorteil, dass sie an einer Börse notieren und deshalb
permanent während der Börsenzeit gehandelt werden können. An der
Deutschen Börse werden Aktien-ETFs von 9 bis 20 Uhr und Renten-ETFs
von 9 bis 17.30 Uhr über die elektronische Plattform Xetra gehandelt. Um
die notwendige Liquidität bei ETFs gewährleisten zu können, stellen sog.
Designated Sponsors (Market Makers) während der Handelszeit fortlaufend An- und Verkaufskurse zur Verfügung. Die Designated Sponsors sind
in Bezug auf den maximalen Spread und das minimale Volumen ihrer
Quotierungen reglementiert und werden von der Deutschen Börse bzw.
anderen Handelsplattformen auf Einhaltung dieser Mindestanforderungen fortlaufend überwacht.

- **Hohe Liquidität**

Speziell bei Finanzprodukten, die zur Steuerung von Kapitalströmen genutzt und deshalb häufig gehandelt werden, ist ausreichende Liquidität
entscheidend, da Spreadkosten den größten Teil an den Transaktionskosten ausmachen.

Zur Quantifizierung von Liquidität hat die Deutsche Börse AG eine Kenn-
zahl entwickelt, die Liquidität auf der Basis von impliziten Transaktions-

kosten vergleichbar machen soll. In das Xetra-Liquiditätsmaß XLM fließen Daten über die Breite (Umsatzvolumen), Tiefe (Orderbuch) und sofortige Verfügbarkeit der Liquidität ein. Das Ergebnis spricht eine deutliche Sprache für ETFs: Die Fonds der INDEXCHANGE auf DAX, Euro-
Stoxx50 und eb.rexx sind die liquidesten Produkte aller auf Xetra notier-
ten Wertpapiere – erst dann folgen die Aktien bekannter großer Unternehmen. Gerade im Bereich hoher Handelsvolumina stellen sich die impliziten Transaktionskosten der ETFs als extrem kompetitiv heraus.

- **Geringe Kosten**

Neben der Liquidität und dem Einfluss der Liquidität auf die Transaktionskosten gibt es eine weitere Kostenkomponente, die bei einer Anlageentscheidung berücksichtigt werden muss: Für die Verwaltung von Spezial-
bzw. Publikumsfonds berechnet jede Kapitalanlagegesellschaft eine Managementgebühr. Der Investor sollte darauf achten, dass es sich bei dieser Ma-
nagement-Fee um eine „All-in Fee" handelt. Transparenz und Vergleich-
smöglichkeiten bietet hier die Total Expense Ratio (TER), in der alle Kosten
aus dem Sondervermögen berücksichtigt sind. Für Exchange Traded Funds
beträgt die TER derzeit zwischen 0,15 % p.a. bei Renten- ETFs und durchschnittlich 0,5 % bei Aktien-ETFs. Gerade im Vergleich zu aktiv gemanagten Fonds zeigt sich der Kostenvorteil von ETFs besonders deutlich.

- **Präzise Indexabbildung**

Ein ETF bildet die Kurs- und Renditeentwicklung eines Index sehr genau
ab, indem er die Zusammensetzung und Gewichtung der Aktien oder
Renten im Fondsportfolio exakt nachvollzieht. Gerade in Deutschland ist
dies aufgrund der besonderen Gesetzgebung für Wertpapierindex-Sondervermögen in reinster Form möglich. Die ETFs der INDEXCHANGE
Investment AG, der bislang einzigen Deutschen ETF-Gesellschaft, sind
nicht den üblichen Anlagegrenzen von 5 %, 10 % und 40 % unterworfen.
Sie dürfen die Gewichtung eines jeden Einzelwertes im Index mit den
Original-Wertpapieren abbilden, selbst wenn diese höher als 10 % ausfällt.
Ein Tracking Error wird hierdurch auf ein Minimum reduziert. Außerdem
ermöglicht ein besonderer Handelsmechanismus die sog. Full Replication

des Index (vollständige Abbildung), da die Fondsgesellschaft nicht mehr gezwungen ist, Cash-Positionen für eventuelle Anteilscheinrückgaben bereitzuhalten. Innerhalb dieses für ETFs typischen Handelsmechanismus kauft bzw. verkauft die ETF-Gesellschaft Fondsanteile gegen einen von ihr vorbestimmten Basket aus Wertpapieren. Als positiver Nebeneffekt kann hierdurch das Sondervermögen weitestgehend von Transaktionskosten freigehalten werden.

- **Keine Konsolidierungspflicht nach IAS 39**

Spezialfonds müssen gemäß IAS 39 als Zweckgesellschaft in alle Einzelpositionen zerlegt bilanziert werden (Durchgriffsprinzip). Exchange Traded Funds werden als Publikumsfonds aufgelegt und erfüllen somit die Voraussetzungen, nach IAS und US-GAAP als einzelne Wertpapiere bilanziert zu werden. Dies ermöglicht den nach IAS bilanzierenden Investoren erhebliche Kosteneinsparungspotenziale im Verwaltungsbereich. Die bilanztechnische Bewertung erfolgt beim ETF gemäß den IAS Bestimmungen nach dem „Mark-to-Market"-Prinzip.

- Hohe Transparenz

Exchange Traded Funds bieten neben den vorgenannten Vorteilen eine volle Transparenz bezüglich der Portfoliozusammensetzung. Während die Zusammensetzung aktiv gemanagter Fonds nur zeitverzögert über den Rechenschafts- oder Halbjahresbericht veröffentlicht wird, erhält der Investor bei ETFs die Komponenten des Fonds auf täglicher Basis über verschiedene Informationssysteme bereitgestellt.

Zusätzlich berechnet die Deutsche Börse AG alle 15 bis 60 Sekunden den fairen Marktwert des ETF (indikativer NAV). Der Investor kennt somit fortlaufend den fairen Wert des Anteils und kann diesen mit den aktuellen Kursstellungen der Designated Sponsors an der Börse vergleichen. Aufgrund dieser aktuellen Informationslage und dem fortlaufenden Börsenhandel des ETF werden Arbitragemöglichkeiten zwischen dem ETF und dem Kassa- oder Futures-Markt eröffnet – und damit jederzeit ein faires und transparentes Pricing sichergestellt.

Die Anwendungsmöglichkeiten von ETFs sind mannigfaltig und bieten fast jedem Investor Vorteile gegenüber herkömmlichen Indexprodukten. So nutzen zunehmend große Kapitalsammelstellen wie Fondsgesellschaften, Versicherungen und Pensionfonds die passiv gemanagten ETFs für ihr aktives Portfoliomanagement. Vor allem im täglichen Management der Liquiditätsströme werden ETFs eingesetzt, um schnell auf aktuelle Volatilitäten in den Finanzmärkten reagieren zu können. Durch ein immer größer werdendes Produktangebot können ETFs zudem äußerst effizient bei der taktischen Asset Allocation sowie für länderübergreifende oder branchenorientierte Strategien eingesetzt werden. Für Portfoliomanager, die sich gerade in effizienten Kapitalmärkten wie Deutschland, Europa oder Nordamerika für eine passive Strategie entschieden haben oder auf ein aufwändiges Single Stock Research in Einzelmärkten verzichten möchten, sind ETFs auch für langfristige Buy-and-Hold Strategien einsetzbar. Das Risk-Return-Profil einer getroffenen Anlageentscheidung kann mit ETFs verbessert werden, da hier eine höhere Diversifikation als in Einzeltiteln gegeben ist.

ETFs stellen weiterhin eine intelligente Alternative zu optimierten Baskets, Futures oder Zertifikaten dar, da sie sich indexneutral entwickeln und somit keine Verzerrung des strategischen Portfolios stattfindet. ETFs bieten außerdem ein optimales Handling: So fallen keine Roll-over Kosten an, es besteht kein Kontrahentenrisiko, und es fällt nur der Settlement-Aufwand für einen Titel an. Die Auswahl an ETFs übertrifft inzwischen sogar das Futures-Angebot und bietet somit eine kostengünstige Allokationsalternative bei gleichzeitig hoher Liquidität.

Der jüngste Zugang am europäischen ETF-Markt sind Renten-ETFs. Hierbei handelt es sich um börsengehandelte Indexfonds auf festverzinsliche Wertpapiere. Den ersten Schritt überhaupt in Richtung Bond-Markt ging die INDEXCHANGE Investment AG im Februar 2003 mit dem „eb.rexx Government Germany EX" (ISIN: DE 000 628 946 5). Damit setzt die Tochter der HypoVereinsbank ein für den Anleihenmarkt revolutionäres Indexkonzept der Deutsche Börse AG um und listet einen hoch liquiden und transparenten Bond-ETF auf dem Handelssystem Xetra. So können ganze Rentenportfolios erstmals so einfach wie eine Aktie gehandelt werden. Ende Juni

2003 folgten drei weitere ETFs auf die Laufzeitbänder 1,5 – 2,5 Jahre, 2,5 – 5,5 Jahre und 5,5 – 10,5 Jahre der eb.rexx Indizes.

Diese Indexfamilie der Deutsche Börse AG besticht dadurch, dass erstmals gehandelte Preise und verpflichtende Quotierungen in einen Index eingehen. Basis hierfür ist die Handelsplattform Eurex Bonds. Somit ist eine Indexberechnung mit fairen und absolut transparenten Preisen sichergestellt! Durch dieses vollkommen neue Indexkonzept wird dem Investor ein Qualitätsstandard zur Verfügung gestellt, den man bisher nur von Aktienindizes kannte – ein wichtiger Schritt in einem bislang nicht immer transparenten und nicht für jedermann zugänglichen Anleihenmarkt. Zwischenzeitlich ist ein weiterer ETF im Bereich festverzinslicher Anlagen auf Corporate Bonds gelistet worden, dem ein Indexkonzept von iBoxx zugrunde liegt. Neben Staatsanleihen und Corporate Bonds werden im Bereich der verzinslichen Wertpapiere sicherlich noch weitere Segmente durch ETFs abgebildet werden. Gerade das Streben einiger Indexanbieter nach mehr Transparenz, hoher Liquidität und fairem Pricing von Rentenindizes verleiht dem Renten- wie auch dem ETF-Markt neue Impulse.

Aufgrund der umfangreichen Vorteile von ETFs gehen Branchenspezialisten von einem weiterhin überproportionalen Wachstum dieses Segments aus. Gerade im Hinblick auf die bislang noch geringen Assets in europäischen Indexprodukten lässt sich ein großes Aufholpotenzial gegenüber den USA erkennen. Hier werden ca. 30 % aller liquiden Assets passiv gemanagt, also an einen Index angelehnt. In Europa geht man heute von durchschnittlich weniger als 8 % aus.

Serviceteil

Mit diesem Buch haben Sie einen tiefen und umfassenden Einblick in die Welt der Exchange Traded Funds, den ETF-Markt und dessen Funktionsweise erhalten. Sie verfügen jetzt über das notwendige Rüstzeug, um Ihr Portfolio mit Hilfe von Exchange Traded Funds intelligent und renditeorientiert zu strukturieren.

Wir haben uns sehr bemüht, dieses ausführliche Werk so zu verfassen, dass es auch noch Jahre nach Drucklegung für Sie ein hilfreiches Nachschlagewerk darstellen wird. Sie brauchen auch weiterhin auf topaktuelle Informationen nicht verzichten.

ETF-Portal auf T-Online: Wenn Sie über dieses Buch hinaus zum Thema „Exchange Traded Funds" jederzeit top-aktuell informiert sein wollen, können Sie unser Online-ETF-Portal nutzen. Rödl & Partner hat zusammen mit T-Online ein Exchange Traded Funds-Portal initiiert, welches Sie unter der Web-Adresse

www.t-online.de/etf   kostenlos abrufen können.

Der Informationsdienst versteht sich als fortlaufende, top-aktuelle Ergänzung zu diesem Buch. Das Portal informiert Sie aktuell, objektiv, transparent und praxisorientiert über die neuesten Entwicklungen im ETF-Markt. Viele wertvolle Informationen darüber hinaus runden diesen Service ab.

WICHTIGE FRAGEN UND ANTWORTEN

1. Welche Bedeutung haben Indizes?

Einem Index liegt die Idee zugrunde, einen bestimmten Markt möglichst exakt abzubilden. Er repräsentiert beispielsweise ein bestimmtes Land, eine Region, eine Branche oder ein einzelnes Marktsegment (z. B. Growth- oder Value-Aktien). Darüber hinaus gibt es Indizes, die verschiedene Länder,

Branchen oder Marktsegmente kombinieren, bis hin zu Indizes, die für die gesamte Weltwirtschaft repräsentativ sind. Indizes dienen Fondsmanagern in der Regel als Vergleichsmaßstab und erlauben den Anleger, die Managementleistung der hochbezahlten Asset-Manager objektiv und neutral zu bewerten.

Erstellt werden Indizes von so genannten Indexprovidern bzw. Indexanbietern, welche die Unternehmen auswählen und deren Gewichtung im Index festlegen. Zu den bekanntesten zählen Morgan Stanley Capital International, Standard & Poor's (S&P), Dow Jones (DJ), Financial Times Stock Exchange (FTSE), STOXX Ltd. sowie die Börse selbst (z. B. Deutsche Börse AG oder Nasdaq). Indexprovider passen die Indizes bzw. die darin enthaltenen Werte regelmäßig den wirtschaftlichen Entwicklungen an.

2. Was ist ein Indexfonds?

Ein Indexfonds ist ein passiv gemanagter Fonds. Im Fokus steht das möglichst exakte Nachbilden des zugrunde liegenden Index. Der Fondsmanager bringt – anders als beim aktiv gemanagten Fonds – bei einem Indexfonds keine eigene Einschätzung zu einzelnen Aktien ein, sondern folgt konsequent der Entwicklung des Index. Ziel des Indexfonds ist also nicht, eine Outperformance zu erzielen, sondern den zugrunde liegenden Index möglichst genau eins zu eins abzubilden.

3. Was sind Exchange Traded Funds?

Exchange Traded Funds sind Fonds, die genauso wie Aktien an der Börse gehandelt werden. Es werden zwei Arten von Exchange Traded Funds unterschieden: passiv gemanagte ETFs und aktiv gemanagte ETFs. ETFs verbinden im Vergleich zu herkömmlichen Fondsprodukten für den Anleger die Vorzüge einer diversifizierten Fondsanlage mit den handelstechnischen Vorzügen einer Aktie. Der Anleger hat über den Kauf von Anteilen eines Fonds nicht nur die Möglichkeit, sich an der Entwicklung aller im Fondsvermögen befindlichen Werte zu beteiligen, sondern er wird auch Anteilseigner der im

Fonds befindlichen Aktien. Damit entfällt das Emittentenrisiko, wie es z. B. bei Zertifikaten der Fall ist.

4. Wo werden ETFs gelistet?

Sowohl die passiven als auch die aktiven Exchange Traded Funds sind im Marktsegment der deutschen Börsen (Frankfurt, Stuttgart und Berlin) gelistet, beispielsweise bei der Stuttgarter Börse unter www.boerse-stuttgart.de.

5. Worin liegen die Vorteile eines Erwerbs über die Börse?

Ein ganz entscheidender Vorteil gegenüber herkömmlichen Investmentfonds liegt in der fortlaufenden Preisfeststellung – anders als bei herkömmlichen Investmentfonds, deren Anteilspreis nur einmal pro Tag von der Fondsgesellschaft berechnet wird. Folglich kennt der Anleger bei Auftragserteilung seinen Abrechnungskurs nicht. Bei einem ETF wird der Preis fortlaufend bestimmt, und die Orderausführung erfolgt in der Regel kurze Zeit nach Eingang der Order im Xetra-System. So hat der Anleger bereits bei Auftragserteilung eine Indikation, zu welchem Kurs sein Auftrag abgerechnet wird.

Der Anleger kann daher unmittelbar auf Marktveränderungen reagieren und seine Order wie bei einem Aktienkauf oder -verkauf während der gesamten Handelszeit platzieren. Dabei kann er auch mit Limits oder Stop-Loss-Orders arbeiten. Anlage-, Trading- und Hedge-Strategien können umgesetzt werden, ebenso ist Intraday-Handel möglich.

6. Was ist der (indikative) Net Asset Value?

Der Net Asset Value (NAV) bezeichnet den Rücknahmepreis eines Fondsanteils. Er berechnet sich aus dem aktuellen Wert der enthaltenen Wertpapiere, den sonstigen Vermögensgegenständen sowie dem Barvermögen abzüglich der Verbindlichkeiten, dividiert durch die Anzahl der im Umlauf befindlichen Fondsanteile. Er wird einmal täglich ermittelt. Im Gegensatz dazu wird der indikative Net Asset Value (iNAV) fortlaufend notiert und veröffentlicht. Auf Basis des iNAVs stellt der Market Maker die Geld- und Briefkurse, zu denen er bereit ist, Fondsanteile zu verkaufen bzw. anzukaufen.

7. Gibt es eine Mindest-Stückzahl für den Handel mit ETFs?

Nein. Die kleinste handelbare Einheit ist ein Anteil. Der Anleger kann diesen oder ein Vielfaches davon über die Börse handeln.

8. Werden Dividenden wieder angelegt oder ausgeschüttet?

Die Verwendung der Erträge richtet sich in der Regel nach dem zugrunde liegenden Index. So werden beispielsweise beim Dow Jones Stoxx 50 (Kursindex) die Dividenden ausgezahlt. Beim DAX oder TecDAX, als Performanceindex, erfolgt die Dividendenzahlung thesaurierend.

9. Werden für ETFs Dividenden gezahlt?

Je nach Art des Exchange Traded Funds erhalten Sie jährliche oder halbjährliche Dividendenzahlungen. Dividendenzahlungen sowie Kapitalgewinne aus dem Verkauf der ETFs unterliegen der Besteuerung nach deutschem Steuerrecht.

10. Wie viel ist ein ETF wert?

Mit ETFs investieren Sie im Verhältnis 1/10 oder 1/100 in einen bestimmten Index. Beispielsweise investieren Sie bei einem DJ-EuroStoxx-50-ETF in den DJ-EuroStoxx-50-Index. Der Preis des ETFs wird sehr genau 1/10 oder 1/100 des Indexstandes in Euro entsprechen. Abgezogen wird lediglich die Verwaltungsgebühr.

11. Wie können Anleger einen ETF kaufen?

ETFs sind an der Börse wie jede normale Aktie handelbar. Wie bei einer Aktie erteilen Sie die Order indem Sie Ihrer Haus- oder Direktbank die WKN bzw. ISIN, die Anzahl der erwünschten Titel und evtl. ein Limit angeben. Dazu benötigen Sie bei Ihrer Bank lediglich ein Depotkonto. Wie bei allen Investments ist zu empfehlen, ihre Order limitiert zu erteilen.

12. Welche Kosten sind mit ETFs verbunden?

Beim Kauf- oder Verkauf von ETFs fallen weder Ausgabeaufschlag noch Rücknahmegebühren an. Allerdings fallen, wie für jede übliche Wertpapiertransaktion auch, Transaktionskosten und Depotgebühren bei Ihrer Hausbank sowie Maklercourtage bei der Börse an. Die geringen Verwaltungsgebühren (0,2 bis 0,6 Prozent p. a.) des ETF werden direkt in den ETF-Kurs eingerechnet. Zudem ist die steuerliche Behandlung zu berücksichtigen.

13. Welche grundsätzlichen Risiken sind mit ETFs verbunden?

Die Risiken der ETFs entsprechen den allgemeinen Risiken der Kapitalmärkte, in denen der jeweilige ETF investiert ist. Ein ausreichender Hinweis auf die Risiken ist zudem im vollständigen Verkaufsprospekt des jeweiligen ETFs festgehalten und dem Bundesaufsichtsamt vorgelegt worden.

Wir weisen an dieser Stelle darauf hin, sich vor einer Anlage in ETFs durch Ihren Anlage-, Bank- oder Steuerberater beraten zu lassen. Diese Beratung sollte Ihre steuerliche und finanzielle Situation sowie Ihre Risikobereitschaft und den Anlagehorizont umfassen.

14. Wie können Sie ETFs handeln?

ETFs sind an der Börse wie jede normale Aktie handelbar. Wie bei einer Aktie erteilen Sie die Kauf- oder Verkaufsorder, indem Sie Ihrer Haus- oder

Direktbank die WKN bzw. ISIN, die Anzahl der erwünschten Stücke und gegebenenfalls ein Limit angeben. Dazu benötigen Sie bei Ihrer Bank- oder Direktbank lediglich ein Depotkonto.

15. Welche Vorteile bieten Ihnen ETFs?

Exchange Traded Funds ermöglichen Ihnen:

- diversifiziert, einfach und flexibel zu investieren;

- mit einem einzigen Investment in einen ganzen Markt bzw. Index zu investieren;

- sich in einem „Referenz-Portfolio" von Blue Chips zu positionieren;

- von Anlageprodukten mit einem attraktiven Risiko-Rendite-Profil zu profitieren;

- zu den üblichen Börsenzeiten durchgehend kaufen und verkaufen zu können;

- regelmäßige Dividendenzahlungen zu erhalten.

Exchange Traded Funds weisen sowohl für Sie als Privatanleger, als auch für institutionelle Investoren eine Vielzahl von Vorteilen auf, die sie gegenüber anderen Anlageinstrumenten auszeichnen:

- ➤ günstige Kostenstruktur;

- ➤ hohe Transparenz;

- ➤ Anlegerschutz;

- ➤ Risikosteuerung;

➤ Liquidität;

➤ hohe Flexibilität;

➤ unbegrenzte Laufzeit;

➤ präzises Indextracking;

➤ niedriger Mindestkapitaleinsatz;

➤ effizienter Börsenhandel.

16. Wer sichert den liquiden Handel der ETFs?

Diese Aufgabe nehmen die so genannten Market Maker (auch Designated Sponsors) wahr. Sie sind verpflichtet, während mindestens 90 Prozent der Börsenöffnungszeiten für ein Mindestquotierungsvolumen kontinuierlich verbindliche An- und Verkaufspreise zu stellen. Der maximale Spread – die Differenz zwischen den Geld- und den Briefkursen – sowie das Volumen, für das Preise gestellt werden müssen (minimales Quotierungsvolumen), sind dabei vorgegeben. Dies sichert eine hohe Liquidität und eine zügige Ausführung der Orders. Zum Beispiel sehen die Bedingungen der Deutsche Börse AG vor, dass für jeden passiv gemanagten ETF mindestens zwei Market Maker benannt werden müssen. Diese stehen untereinander im Wettbewerb, denn die eingehenden Orders werden zum für den Anleger jeweils besten Preis abgerechnet. Bei aktiven ETFs genügt hingegen ein Market Maker.

17. Wie funktioniert der Creation-/Redemption-Prozess?

Der Creation-/Redemption-Prozess beinhaltet den Tausch von Aktienkörben gegen Fondsanteile. Auch hierbei übernehmen die Market Maker eine wichtige Aufgabe: Sie geben die in den jeweiligen Indizes enthaltenen Aktien in Form von Aktienkörben (Baskets) an die Fondsgesellschaft (ETF-Anbieter) weiter. Im Gegenzug erhalten sie dafür Fondsanteile, die anschließend für den Erwerb durch Investoren zur Verfügung stehen (Creation = Schaffung).

Verkauft der Market Maker hingegen Fondsanteile aus seinem Eigenbestand oder weil Anleger Verkaufsaufträge erteilen, so erhält er von der Fondsgesellschaft anstelle von Cash wiederum Aktienkörbe (Redemption = Rückkauf). Vorteil: Die über diesen Prozess dem Fondsvermögen zu- bzw. abfließenden Mittel müssen nicht vom Fonds in Aktien investiert bzw. liquidiert werden. Infolgedessen werden Transaktionskosten reduziert. Dieses wirkt sich positiv auf die Performance des ETF aus. Creation/Redemption kann auch direkt zwischen Market Makern und institutionellen Anlegern stattfinden.

18. Mit welchen Steuern ist bei ETFs zu rechnen?

Die Einkommensbesteuerung von Kapitalgewinnen der Gesellschaft und der Anteilseigner unterliegt den Steuergesetzen der Länder, in denen die ETF-Gesellschaft anlegt, sowie den Rechtsordnungen, in denen die Anteilseigner ansässig oder anderweitig steuerpflichtig sind.

Ausführungen zur aktuellen Steuergesetzgebung hinsichtlich der steuerlichen Behandlung von Exchange Traded Funds finden Sie auf Seite 127 ff. Sie basieren auf dem derzeitigen Recht und der derzeitigen Praxis und stellen keine rechtliche oder steuerliche Beratung dar. Wie bei jeder Anlage kann es keine Garantie dafür geben, dass die zum Zeitpunkt der Anlage in die Gesellschaft gültige steuerliche Behandlung oder geplante steuerliche Behandlung unbegrenzt andauern wird. Anlageinteressenten sollten im Hinblick auf die für den Erwerb, das Halten und die Veräußerung von Anteilen und den Erhalt von Dividenden maßgeblichen steuerlichen Erwägungen ihren professionellen Berater in Steuerfragen konsultieren.

ERHEBUNG ÜBER DIE DIENSTLEISTUNGSFÄHIGKEIT DER ETF-ANBIETER

Seit Einführung der ersten ETFs in Deutschland im Jahre 2000 bieten mehrere Gesellschaften ETFs am Deutschen Markt an. Zum mittlerweile etablierten Kreis zählen neun ETF-Gesellschaften, die Exchange Traded Funds auf verschiedene Indizes in Deutschland anbieten. Oft steht der potenzielle Investor vor der Frage, bei welcher Gesellschaft er den benötigten ETF kaufen solle. Unterschiede gibt es vor allem in der Gebührenstruktur und in der Servicequalität.

Um in den deutschen ETF-Markt die notwendige Transparenz zu bringen, haben wir uns entschlossen, die ETF-Anbieter im Rahmen einer Umfrage zu Wort kommen zu lassen. Da die ETF-Gesellschaften selbst aller Wahrscheinlichkeit nach am meisten über ihre künftigen Aktivitäten Bescheid wissen, stellen die Umfrageergebnisse nicht nur eine Momentaufnahme der Gegenwart dar, sondern erlauben insoweit auch einen Blick in die Zukunft.

Ziemlich sicher dürfte aus heutiger Sicht sein, dass die Konsolidierung im ETF-Markt weitere Kreise ziehen, und sich der ETF-Markt künftig auf einige wenige, aber große Anbieter konzentrieren wird. Dies spiegelt aktuell auch das Vorgehen von Merrill Lynch wider, alle 13 vorhandenen ETFs zu schließen bzw. zwei davon an Barclays zu übertragen.

Der Fragebogen für die Umfrage gliedert sich in zwei Teile. In Teil I wurden grundlegende Daten der ETF-Anbieter erfasst. Hier sind unter anderem die Adresse, die Anzahl der Produkte und die Ansprechpartner aufgeführt. In Teil II stellten wir allgemeine Fragen zur Produktlinie. Insbesondere hat uns interessiert, was die befragte ETF-Gesellschaft aus ihrer Sicht von den jeweiligen Mitbewerbern unterscheidet und wo der Mehrwert für den Anleger liegt.

Der Fragebogen wurde am 4. August 2003 von Rödl & Partner, Köln, mit folgendem Anschreiben an die ETF-Gesellschaften versendet:

> ### Auszug aus dem Anschreiben vom 4. August 2003
> ### von Rödl & Partner, Köln
>
> ... „Das Thema rund um „Exchange Traded Funds" wird in letzter Zeit immer häufiger von Mandanten an uns herangetragen. Vor dem Hintergrund des stetig steigenden Interesses an ETFs bitten wir Sie, zu dieser Thematik den beiliegenden Fragebogen sorgfältig auszufüllen und per Fax oder Brief bis zum 12. August 2003 an uns zurückzusenden."...

Die Resonanz bei den ETF-Gesellschaften war durchwachsen. In dem von uns vorgeschlagenen Zeitraum fanden es lediglich zwei Gesellschaften für notwendig, den Fragebogen fristgerecht zu beantworten. Eine Gesellschaft zog mit leichter Verspätung. Während sich zwei Gesellschaften dazu gut 30 Tage (!) Zeit ließen, hielten es weitere vier ETF-Anbieter nicht einmal für notwendig, überhaupt zu antworten. Bis Redaktionsschluss, 31. Oktober 2003, blieben uns 50 Prozent (!) der befragten ETF-Gesellschaften die Beantwortung der von uns gestellten Fragen schuldig.

	Datum der Erhebung	Datum der Beantwortung	Dauer der Beantwortung	Ansprechpartner	Kontaktdaten
Indexchange Investment AG	04.08.2003	14.08.2003	10 Tage	Thomas Pohlmann	thomas.pohlmann@indexchange.com
Lyxor Asset Management, Societe Generale	04.08.2003	14.08.2003	10 Tage	Frank Burkhardt	frank.burkhardt@sgcib.com
Union Investment	04.08.2003	19.08.2003	15 Tage	Anja Baumeister	abauermeister@unico-service.com
Merrill Lynch	04.08.2003	02.09.2003	30 Tage	Stefanie C. Schmitt	stefanie_schmitt@ml.com
UBS Global Asset Management	04.08.2003	09.09.2003	37 Tage	Axel Ullmann	axel.ullmann@ubs.com
Barclays Global Investors Limited	04.08.2003				
Credit Suisse Asset Management	04.08.2003				
DWS Investment GmbH	04.08.2003	Bis Redaktionsschluss (31.10.2003) leider keine Rückmeldung!			
XAVEX SICAV	04.08.2003				
State Street Global Advisors France S. A.	04.08.2003				

Abb. 42: Grundlegende Erhebungsdaten

Quelle: Rödl & Partner, Köln

Um in dem jungen, aufstrebenden ETF-Markt, in dem naturgemäß großer Wettbewerbsdruck herrscht, keinen der ETF-Anbieter unbeabsichtigt zu bevorzugen, haben wir die Antworten der ETF-Gesellschaften so übernommen, wie sie uns zurückgesendet worden sind. Der Inhalt der Antworten liegt daher in der Verantwortung der jeweiligen Gesellschaft.

	UBS Global Asset Management	Unico Asset Management S.A.
Wie viele ETFs bot Ihr Unternehmen zum 01.08.2003 an	0/7	2/2
Die drei meistgehandelten ETFs Ihres Unternehmens 2003.		
1.	Fresco Euro Stoxx 50 (passiv)	UNICO i-tracker MSCJ world
2.	Fresco US large Cap (passiv)	UNICO i-tracker MSCJ europe
3.	Fresco Japan Titans 100 (passiv)	UNICO ConClusio Europeam Equities
Wie verfährt Ihr Unternehmen mit ETF-Dividenden?	Halbjährliche Ausschüttung der anfallenden Dividenden	i-tracker Fonds: ausschüttend; ConClusion Fonds: thesaurierend
Situationsbeurteilung bzw. Marktreife von Nischen-ETFs anlässlich kürzlicher Schließungen in Deutschland	Sektor ETFs wurden nicht in dem erwarteten Maß angenommen. Eine Schließung dieser nicht kostendeckenden Produkte war daher eine logische Folge.	Weisen oft sehr geringe Umsätze und vor allem Volumina aus. Bereitschaft der Anleger in dies zu investieren war in der vergangenen Zeit nicht vorhanden. Eine Schließung ist durchaus sinnvoll.
Sind ETF Schließungen geplant? Welche?	Nein	Nein
Wie hoch sind momentan Ihre ETF-Gebührensätze?		
Niedrigster ETF (Prozent)	Fresco Euro Stoxx 50 (0,29%)	UNICO i-tracker (0,5%)
Teuerster ETF (Prozent)	Fresco Japan Titans 100 (0,75%)	UNICO ConClusio Fonds (1,0&%)
Fallen sonstige Kosten an?	Börsenübliche Kosten	Ordergebühren
Welche Wachstumschancen sehen Sie im deutschen ETF-Segment für die nächsten zwei Jahre	In den nächsten 1-2 Jahren wird das ETF-Segment weiterhin deutlich wachsen. Da diese Form der Indexanlage von immer mehr Privatanlegern als auch Instutionellen akzeptiert und eingesetzt wird	Chancen im Bereich des Core-Indexes, Einsatz als Basisbaustein zur Depotstrukturierung, wowohl bei privaten als auch bei institionellen Anlegern
Welche ETFs würden Sie aus Unternehmenssicht empfehlen? Warum?	Einzelempfehlung können nicht gegeben werden, da dies immer von der Situation abhängig ist.	ETFs auf breite Standardindices mit Benchmarkcharakter
Wer ist Ansprechpartner in Ihrem Unternehmen für		
Private Anleger	Alex Ullmann	Kundenservice UNICO
Institutionelle Anleger	Alex Ullmann	Kundenservice UNICO
Verfügt Ihr Unternehmen über einen Email-Newsletter	Ja	Nein
Liefern Sie kostenlos Informationsmaterial?	Ja	Ja
Bearbeitungszeit Selbstauskunft	max. 48 Stunden	48 Stunden
Wegbeschreibung auf der Homepage	Nein	Ja
Tägliche Veröffentlichung aller ETF-Produkte auf der Homepage?	Ja	Ja
Echtzeitkurse der ETFs auf der Homepage	Ja	Ja
Folgen bei ETF Schließung für Anleger?	-	Auszahlung des Gegenwertes oder ggf. Tausch in einen anderen Fond der Gesellschaft
Welche Unternehmen agieren für Ihre ETFs als Market Maker?	UBS Investment Bank, Timber Hill, BNP Paribas, Lehmann Brothers, J.P.Morgan, Exane	DZ Bank AG

Abb. 43 a): Auswertung des Fragebogens mit den Original-Antworten

Quelle: Rödl & Partner, Köln

	Merrill Lynch Capital Markets Bank	Societe Generale	Indexchange Investment AG
Wie viele ETFs bot Ihr Unternehmen zum 01.08.2003 an	2/0	0/7	0/35
Die drei meistgehandelten ETFs Ihres Unternehmens 2003.			
1.	Euro Stoxx 50 LDRS (aktiv)	CAC Master Unit (passiv)	DAX (passiv)
2.	Stoxx 50 LDRS (aktiv)	Euro Stoxx 50 (passiv)	EuroStoxx 50 (passiv)
3.	-	DJIA Master Unit (passiv)	Dow Jones Industrial Average (passiv)
Wie verfährt Ihr Unternehmen mit ETF-Dividenden?	Ausschüttung	Jährliche Ausschüttung	DAX, MDAX, TecDAX und eb.rexx Goverment Germany: thesaurierend; alle andere: jährliche Ausschüttung
Situationsbeurteilung bzw. Marktreife von Nischen-ETFs anlässlich kürzlicher Schließungen in Deutschland	Grund der Schließung war 'Kapitalbindung'. Um potentielle Investoren anzusprechen (i.e. Fund of Funds) muß eine Mindestgröße AuM vorhanden sein	Werden kaum jemals in der Lage sein eine kritische Masse zu erreichen, da sie nur auf eine begrenzte Nachfrage von Kundenseite her reagieren	Sicherlich werden bei weniger profitablen Gesellschaften noch Fonds geschlossen werden, das bringt allesdings die Branchen-ETFs noch stärker in den Fokus der Anleger
Sind ETF Schließungen geplant? Welche?	ML hat gerade beschlossen alle FTSE Global Sector ETFs zu schließen.	Nein	Nein
Wie hoch sind momentan Ihre ETF-Gebührensätze?			
Niedrigster ETF (Prozent)	Euro Stoxx 50 LDRS (0.36%)	CAC Master Unit (0.30%)	0.15%
Teuerster ETF (Prozent)	Stoxx 50 LDRS (0.36%)	DJIA Master Unit (0.50%)	0.50%
Fallen sonstige Kosten an?	-	Nein	Depotführungskosten (0.0175%)
Welche Wachstumschancen sehen Sie im deutschen ETF-Segment für die nächsten zwei Jahre	Aufgrund der Kostengünstigkeit, Transparenz und Ucitsili sehr positiv weiterhin	Weiteres Wachstum wird erwartet	Werden weiterhin ein sehr hohes Wachstum haben, allerdings nur passiv gemanagte. Aktive waren bisher nicht erfolgreich
Welche ETFs würden Sie aus Unternehmenssicht empfehlen? Warum?	beide: liquide, niedrige Gebühren; transparentes Pricing; Dividende wird ausgeschüttet; volle Index Replikation	DJ EuroStoxx 50 Master Unit (niedrige Managementgebühr); DJIA Master Unit (hohe Liquidität)	Keine Empfehlung was die Einschätzung von Märkten angeht. Grundsätzlich alle Indexchange ETFs
Wer ist Ansprechpartner in Ihrem Unternehmen für			
Private Anleger	Antonio Salas	Thorsten Welgen	INDEXCHANGE Service Team
Institutionelle Anleger	Eva Weiss	Frank Burkhardt	Marcus Walz/ Holger Schmid
Verfügt Ihr Unternehmen über einen Email-Newsletter	Nein	Ja	Ja
Liefern Sie kostenloses von Informationsmaterial?	Ja	Ja	Ja
Bearbeitungszeit Selbstauskunft	24 Stunden	24 Stunden	24-48 Stunden
Wegbeschreibung auf der Homepage	Nein	Nein	Ja
Tägliche Veröffentlichung aller ETF-Produkte auf der Homepage?	Ja	Ja	Ja
Echtzeitkurse der ETFs auf der Homepage?	Nein	Ja	Ja (15 Minuten verzögert)
Folgen bei ETF Schließung für Anleger?	ML kauft die ETFs zum NAV zurück	-	Wird in ein anderes Sondervermögen kostenfrei überführt oder ausbezahlt
Welche Unternehmen agieren für Ihre ETFs als Market Maker?	Merrill Lynch; Landesbank Baden-Württemberg	SG; BNP Paribas; Timber Hill; Goldman Sachs; Morgan Stanley; Oddo; Merrill Lynch; Caboto	HVB, Merrill Lynch, Lehmann Brother, Morgan Stanley, Archelon, Timber Hill, Liquid Capital, BNP Paribas, Optiver, Credit Agricole

Abb. 43 b): Auswertung des Fragebogens mit den Original-Antworten

Quelle: Rödl & Partner, Köln

ETF-PRODUKTPALETTE

Nachfolgend finden Sie eine Auflistung aller aktiven und passiven Exchange Traded Funds per 31. Oktober 2003. Die aktiven und passiven ETFs sind nach Ländern, Regionen und Branchen gelistet. Mit der dazugehörigen ISIN (ehemals WKN), der Nennung der Anbieter sowie den Informationen über den Börsenplatz können Sie sich einen schnellen und transparenten Überblick über Ihre bevorzugte Anlageklasse verschaffen.

Exchange Traded Funds – aktiv

Schwerpunkt   Aktien Asien

ISIN	ETF	Typ	Anbieter	Börse
LU0146865505	DWS CHINA	Aktienfonds	DWS Investment S.A.	S - F

Schwerpunkt   Aktien Deutschland

ISIN	ETF	Typ	Anbieter	Börse
DE0008474289	DWS DEUTSCHE AKTIEN TYPO	Aktienfonds	DWS Investment GmbH	S - F

Schwerpunkt   Aktien Europa

ISIN	ETF	Typ	Anbieter	Börse
DE0008490822	DWS EUROPAEISCHER AKTIEN TYPO	Aktienfonds	DWS Investment GmbH	S - F
LU0136659587	UNICO CONCLUSIO EUROPEAN EQR	Aktienfonds	UNICO Asset Management S.A.	S - F
LU0153683734	XAVEX EURO GROWTH R2C	Aktienfonds	Xavex Sicav	S - F
LU0153684625	XAVEC EURO VALUE R2C	Aktienfonds	Xavex Sicav	S - F

Schwerpunkt   Aktien Indien

ISIN	ETF	Typ	Anbieter	Börse
LU0068770873	DWS INDIA	Aktienfonds	DWS Investment S.A.	S - F

Schwerpunkt   Aktien International

ISIN	ETF	Typ	Anbieter	Börse
DE0009848010	DWS INTERNATIONALE AKTIEN O	Aktienfonds	DWS Investment GmbH	S - F
LU0136666103	UNICO CONCLUSIO GLOBAL EQR	Aktienfonds	UNICO Asset Management S.A.	S - F

Schwerpunkt   Aktien Neue Märkte

ISIN	ETF	Typ	Anbieter	Börse
DE0009848051	DWS NEW MARKETS TYPO	Aktienfonds	DWS Investment GmbH	S - F

Schwerpunkt   Aktien Nordamerika

ISIN	ETF	Typ	Anbieter	Börse
DE0008490814	DWS US AKTIEN TYPO	Aktienfonds	DWS Investment GmbH	S - F

Schwerpunkt   Aktien Pazifik inkl. Japan

ISIN	ETF	Typ	Anbieter	Börse
DE008490830	DWS ASIATISCHE AKTIEN TYPO	Aktienfonds	DWS Investment GmbH	S - F

Schwerpunkt   Aktien Russland

ISIN	ETF	Typ	Anbieter	Börse
LU0146864797	DWS RUSSIA	Aktienfonds	DWS Investment S.A.	S - F

Schwerpunkt   **Aktien USA**

ISIN	ETF	Typ	Anbieter	Börse
LU0153686679	XAVEX US GROWTH R2C	Aktienfonds	Xavex Sicav	S - F
LU0153686919	XAVEX US VALUE R2C	Aktienfonds	Xavex Sicav	S - F

Schwerpunkt   **Branche Biotechnologie & Gesundheit**

ISIN	ETF	Typ	Anbieter	Börse
DE0009769976	DWS BIOTECH AKTIEN TYP O	Branchenfonds	DWS Investment GmbH	S - F
DE0009769851	DWS PHARMA AKTIEN TYP O	Branchenfonds	DWS Investment GmbH	S - F

Schwerpunkt   **Branche Edelmetalle**

ISIN	ETF	Typ	Anbieter	Börse
DE0009769828	DWS GOLDMINENAKTIEN O	Branchenfonds	DWS Investment GmbH	S - F

Schwerpunkt   **Branche Internet**

ISIN	ETF	Typ	Anbieter	Börse
DE0009848002	DWS INTERNET-AKTIEN O	Branchenfonds	DWS Investment GmbH	S - F

Schwerpunkt   **Branche Technologie & Telekom**

ISIN	ETF	Typ	Anbieter	Börse
DE0009769810	DWS US TECHNOAKTIEN TYP O	Branchenfonds	DWS Investment GmbH	S - F

Schwerpunkt   **Renten Emerging Markets**

ISIN	ETF	Typ	Anbieter	Börse
LU0153687305	XAVEX YIELD LEADER R2C	Rentenfonds	Xavex Sicav	S - F

Schwerpunkt   **Renten Europa**

ISIN	ETF	Typ	Anbieter	Börse
LU0153684203	XAVEX EURO SOVEREIGN ELITE R2C	Rentenfonds	Xavex Sicav	S - F
LU0153684468	XAVEX EURO SOVEREIGN ELITE R2D	Rentenfonds	Xavex Sicav	S - F
LU0141746643	XAVEX-DYNAMIC BOND PORTFOLIO FUND ACC.	Rentenfonds	Xavex Sicav	S - F
LU0141745918	XAVEX-DYNAMIC BOND PORTFOLIO FUND DIS.	Rentenfonds	Xavex Sicav	S - F

Übersicht „Aktive ETFs", Quelle: Rödl & Partner, Köln, Stand: 31.10.2003

Legende:

F = Frankfurt
S= Stuttgart
B= Berlin
E = Euronext, Frankreich
L = London
M = Mailand
Z = Zürich

Exchange Traded Funds – passiv

| Schwerpunkt | | Aktien Deutschland | | |

ISIN	ETF	Typ	Anbieter	Börse
DE0005933931	DAX (R) EX	Aktienfonds	INDEXCHANGE	F - S - B
LU0147308422	FRESCO DOW JONES GERMANY TITANS 30	Aktienfonds	Fresco	F - S
DE0005933923	MDAX (R) EX	Aktienfonds Mid/Small Cap	INDEXCHANGE	F - S

| Schwerpunkt | | Aktien Europa | | |

ISIN	ETF	Typ	Anbieter	Börse
DE0005933956	DJ EUR STOXX SM 50 EX	Aktienfonds	INDEXCHANGE	F - S - B - E
FR0007054358	DJ EURO STOXX 50 MASTER UNIT	Aktienfonds	Lyxor International Assets	F - S - E
DE0005933949	DJ STOXX 50 SM EX	Aktienfonds	INDEXCHANGE	F - S - B - E
LU0136234068	FRESCO EURO STOXX 50	Aktienfonds	Fresco	F - S - Z
IE0008471009	ISHARE DJ EURO STOXX 50	Aktienfonds (Blue Chips)	Barclays Global Investors	F - S- L
IE0008470928	ISHARE DJ STOXX 50	Aktienfonds	Barclays Global Investors	F - S- L
LU0140540492	UNICO I-TRACKER MSCI EUROPE	Aktienfonds	UNICO Asset Management	F
FR0000973588	EASYETF EURO STOXX 50	Aktienfonds	AXA Investment Managers	S - E
FR0000973604	EASYETF STOXX 50 EUROPE	Aktienfonds	AXA Investment Managers	S - E
LU0155367302	FRESCO B EURO STOXX 50	Aktienfonds	Fresco	S - E
IE0031091642	SPDR EURO	Aktienfonds	SPDR Europe plc	S - E - M
IE0031091428	SPDR EUROPE 350	Aktienfonds	SPDR Europe plc	S - E - M
FR000001885	STREETTRACKERS MSCI PAN EURO ETF	Aktienfonds	State Street Global Adv.	S - E

| Schwerpunkt | | Aktien International | | |

ISIN	ETF	Typ	Anbieter	Börse
DE0006289382	DJ GLOBAL TITANS 50 SM EX	Aktienfonds	INDEXCHANGE	F - S
LU0140540146	UNICO I-TRACKER MSCI WORDL	Aktienfonds	UNICO Asset Management	F - S
FR0000973596	EASYETF GLOBAL TITANS 50	Aktienfonds	AXA Investment Managers	S - E

| Schwerpunkt | | Aktien USA | | |

ISIN	ETF	Typ	Anbieter	Börse
DE0006289390	DJ INDUSTRIAL AVERAGE SM EX	Aktienfonds	INDEXCHANGE	F - S
FR0007056841	DOW JONES INDUSTRIAL AVERAGE MASTER UN	Aktienfonds	Lyxor International Asset	S - E - M
LU0136240115	FRESCO DOW JONES US TECHNOLOGY	Aktienfonds	Fresco	F - S - Z
LU0136237327	FRESCO DOW JONES US (LARGE CAP)	Aktienfonds	Fresco	F - S - Z
LU0136234654	FRESCO DOW JONES INDUSTRIAL AVERAGE	Aktienfonds	Fresco	F - S - Z
DE0002643889	ISHARE S&P 50	Aktienfonds	Barclays Global Investor	F - S - L - M

| Schwerpunkt | | Aktien Schweiz | | |

ISIN	ETF	Typ	Anbieter	Börse
DE0005933964	SMI EX	Aktienfonds	INDEXCHANGE	F - S - B - Z
CH0008899704	XMTCH ON SMI	Aktienfonds	Credit Suisse Asset Manag.	F - S - Z

| Schwerpunkt | | Aktien Großbritanien | | |

ISIN	ETF	Typ	Anbieter	Börse
LU0136242590	FRESCO DOW JONES UK TITANS 50	Aktienfonds	Fresco	F - S - Z
DE0006289408	FTSE 100 ™ EX	Aktienfonds	INDEXCHANGE	F - S

| Schwerpunkt | | Aktien Japan | | |

ISIN	ETF	Typ	Anbieter	Börse
LU0136240974	FRESCO DOW JONES JAPAN TITANS 100	Aktienfonds	Fresco	F - S - Z

Schwerpunkt   **Aktien neue Märkte**

ISIN	ETF	Typ	Anbieter	Börse
DE0005933972	TECDAX EX	Aktienfonds	INDEXCHANGE	F - S - B

Schwerpunkt   **Finanzen**

ISIN	ETF	Typ	Anbieter	Börse
DE006289341	DJ STOXX 600 Banks EX	Branchenfonds	INDEXCHANGE	F - S - B
DE006289309	DJ EURO STOXX Banks EX	Branchenfonds	INDEXCHANGE	F - S - B
DE006344773	DJ STOXX SM 600 FIN SERV	Branchenfonds	INDEXCHANGE	F - S
LU0147307374	Fresco STOXX European Bank	Branchenfonds	Fresco	S
IE0030947430	FTSE GLOBAL BANKS LDRS	Branchenfonds	Merrill Lynch	F - S - E
IE0030948628	FTSE GLOBAL FINANCIALS LDRS	Branchenfonds	Merrill Lynch	F - S - E
FR0000001703	STREETTRACKS MSCI EUROPE FINANCIAL	Branchenfonds	State Street Global Adv.	S - E

Schwerpunkt   **Technologie und Telekom**

ISIN	ETF	Typ	Anbieter	Börse
DE0006289325	DJ EUR STOXX SM TECHNOLOGY EX	Branchenfonds	INDEXCHANGE	F - S - B
DE0006289317	DJ STOXX SM 600 TELECOM EX	Branchenfonds	INDEXCHANGE	F - S - B
DE0006289366	DJ STOXX SM 600 TECHNOLOGY EX	Branchenfonds	INDEXCHANGE	F - S - B
DE0006289358	DJ STOXX SM 600 TELECOM EX	Branchenfonds	State Street Global Adv.	F - S - B
LU0147307531	FRESCO STOXX EUROPEAN TECHNOLOGY	Branchenfonds	Fresco	S
LU0147307614	FRESCO STOXX EUROPEAN TELECOM	Branchenfonds	Fresco	S
IE0030945053	FTSE GLOBAL TECH LDRS	Branchenfonds	Merrill Lynch	F - S - E
IE0030945382	FTSE GLOBAL TELECOM LDRS	Branchenfonds	Merrill Lynch	F - S - E
FR0007063177	MSCI US TECH MASTER UNIT	Branchenfonds	Lyxor International Asset	F - S - E
FR0000971695	STREETTRACKERS MSCI EUROPE INFORMAT.	Branchenfonds	State Street Global Adv.	S - E
FR0000971687	STREETTRACKERS MSCI EUROPE TELECOM	Branchenfonds	State Street Global Adv.	S - E

Schwerpunkt   **Industrie**

ISIN	ETF	Typ	Anbieter	Börse
DE0006344716	DJ STOXX SM 600 AUTOMOBILES	Branchenfonds	INDEXCHANGE	F - S
DE0006344740	DJ STOXX SM 600 CONTSRUCTION	Branchenfonds	INDEXCHANGE	F - S
DE0006344799	DJ STOXX SM 600 INDUST G&S EX	Branchenfonds	INDEXCHANGE	F - S - B
IE0030947984	FTSE GLOBAL BASIC INDUSTRIES LDR	Branchenfonds	Merrill Lynch	F - S - E
IE0030948842	FTSE GLOBAL GENERAL INDUSTRIE L	Branchenfonds	Merrill Lynch	F - S - E
FR0000971778	STREETTRACKERS MSCI EUROPE INDUSTRIAL	Branchenfonds	State Street Global Adv.	S - E

Schwerpunkt   **Konsumguter**

ISIN	ETF	Typ	Anbieter	Börse
DE0006344757	DJ STOXX SM 600 CYCLIC G&S EX	Branchenfonds	INDEXCHANGE	F - S
DE0006289432	DJ STOXX SM 600 NON- CY G&S EX	Branchenfonds	INDEXCHANGE	F - S
DE0006289440	DJ STOXX 600 RETAIL EX	Branchenfonds	INDEXCHANGE	F - S
DE0006289457	DJ STOXX SM 600 UTILITIS EX	Branchenfonds	INDEXCHANGE	F - S
IE0030803229	FTSE GLOBAL AUTOS LDRS	Branchenfonds	Merrill Lynch	F - S - E
IE0030945947	FTSE GLOBAL CYCLICAL LDRS	Branchenfonds	Merrill Lynch	F - S - E
IE0030946135	FTSE GLOAL NON RECYCLICLA LDRS	Branchenfonds	Merrill Lynch	F - S - E
FR0000971752	STREETTRACKERS MSCI EUROPE CONSUMER	Branchenfonds	State Streer Global Adv.	S - E

Schwerpunkt   **Renten Europa**

ISIN	ETF	Typ	Anbieter	Börse
FR0006289465	e. rexx Government Germany EX	Rentenfonds	INDEXCHANGE	F - S

Schwerpunkt   **Renten International**

ISIN	ETF	Typ	Anbieter	Börse
DE0002511243	IBOXX € LIQUID CORPORATES	Rentenfonds	Barclays Global Investor	F - S - L

Schwerpunkt   **Rentenfonds**

ISIN	ETF	Typ	Anbieter	Börse
FR0006289473	EB. REXX ® GOVERNM ENT GERMANY 1.5-2.5 EX	Dachfonds	INDEXCHANGE	F - S
FR0006289481	EB. REXX ® GOVERNM ENT GERMANY 2.5-5.5 EX	Dachfonds	INDEXCHANGE	F - S
FR0006289499	EB. REXX ® GOVERNM ENT GERMANY 5.5-10.5 EX	Dachfonds	INDEXCHANGE	F - S

Schwerpunkt   **Energy**

ISIN	ETF	Typ	Anbieter	Börse
DE0006344765	DJ STOXX SM 600 ENERGY EX	Branchenfonds	INDEXCHANGE	F - S
IE0030948289	FTSE GLOBAL ENERGY LDRS	Branchenfonds	Merrill Lynch	F - S - E
FR0000001810	STREETTRACKERS MSCI EUROPE ENERGY	Branchenfonds	State Street Global Adv.	S - E

Schwerpunkt   **Medien**

ISIN	ETF	Typ	Anbieter	Börse
DE0006289424	DJ STOXX SM 600 MEDIA	Branchenfonds	INDEXCHANGE	F - S
IE0030946796	FTSE GLOBAL MEDIA LDRS	Branchenfonds	Merrill Lynch	F - S - E

Schwerpunkt   **Nahrungsmittel**

ISIN	ETF	Typ	Anbieter	Börse
DE0006344781	DJ STOXX SM 600 FOOD & BEV.	Branchenfonds	INDEXCHANGE	F - S

Schwerpunkt   **Gesundheit**

ISIN	ETF	Typ	Anbieter	Börse
DE0006289333	DJ EUR STOXX SM HEALTHCARE	Branchenfonds	INDEXCHANGE	F - S - B
DE0006289374	DJ STOXX SM 600 HEALTHCARE	Branchenfonds	INDEXCHANGE	F - S
IE0030946358	FTSE GLOBAL PHARMACEUTICALS LDRS	Branchenfonds	Merrill Lynch	F - S - E
FR0000001737	STREETTRACKERS MSCI EUROPE HEALTHCARE	Branchenfonds	State Street Global Adv.	S - E

Schwerpunkt   **Vorsorger**

ISIN	ETF	Typ	Anbieter	Börse
IE0030945616	FTSE GLOBAL UTILITIES LDRS	Branchenfonds	Merrill Lynch	F - S - E
FR0000001646	STREETTRACKERS MSCI EUROPE UTILITIES	Branchenfonds	State Street Global Adv.	S - E

Schwerpunkt   **Sonstige**

ISIN	ETF	Typ	Anbieter	Börse
DE0006344732	DJ STOXX SM 600 CHEMICALS EX	Branchenfonds	INDEXCHANGE	F - S
DE0006289416	DJ STOXX SM 600 INSURANCE	Branchenfonds	INDEXCHANGE	F - S
FR0000001794	STRETTTRACKERS MSCI EUROPE MATERIALS ETF	Branchenfonds	State Street Global Adv.	S - E

Legende:
```
F = Frankfurt
S = Stuttgart
B = Berlin
E = Euronext, Frankreich
L = London
M = Mailand
Z = Zürich
```

INDEXKOMPOSITIONEN

Falls Sie sich für einen Index als Investment entscheiden, ist für die Entscheidungsgrundlage wichtig, dass Sie den Aufbau und die Prinzipien der Indexkonstruktion kennen. Die wesentlichen Anforderungskriterien für Indizes sind in der folgenden Abbildung zusammengefasst:

Kriterium	Definition
Vollständigkeit	Das Anlageuniversum muss so groß sein wie die Bedürfnisse der Anleger selbst. Dazu gehört eine Benchmark-Palette, die ganz nach den unterschiedlichsten Anlagebedürfnissen abbilden kann.
Repräsentativität	Ein Index muss den jeweiligen Markt möglichst komplett umfassen und die Gewichte, die die Wertpapiere innerhalb des Marktes haben, möglichst korrekt wiedergeben. Aber nicht nur das Marktsegment selbst muss von dem Index abgebildet werden. Mindestens genauso wichtig ist seine Verwendung in der Praxis. Was nützt eine Benchmark, wenn sie nicht vergleichbar ist? Nur wenn die Benchmark breite Verwendung findet, können die Anlageerfolge an ihr gemessen und mit jenen anderer Investoren verglichen werden.
Handelbarkeit	Für die zugrunde liegenden Aktien des Index dürfen keine Restriktionen bestehen. Ansonsten ist bereits aufgrund der Auswahl einer nicht handelbaren Benchmark mit Tracking Error und Preisverzerrungen zu rechnen.
Liquidität	Die im Index enthaltenen Wertpapiere müssen ein bestimmtes Mindestvolumen haben, oft gehandelt werden, und die Preisdifferenz zwischen An- und Verkaufspreis sollte gering sein.
Replizierbarkeit	Ein Index sollte von Marktteilnehmern „nachgebaut" werden können. Der beste Index ist wertlos, wenn er zwar den Markt gut repräsentiert, in diesen Markt aber aufgrund von Anlagerestriktionen überhaupt nicht investiert werden kann, weil einige Papiere nicht oder nur in geringem Umfang erhältlich sind. Bei einigen Emerging Markets gibt es z. B. für Ausländer Eintrittsbarrieren, die den Kauf bestimmter Aktien nicht oder nur mit Auflagen zulassen. Aber auch Industriestaaten kennen diese Barrieren, z. B. bei Unternehmen, deren Aktien sich über längere Zeiträume zu großen Teilen in staatlichem oder in privatem Besitz befinden.
Akkuratheit und Verlässlichkeit	Die Wertveränderungen des Index geben die gewichteten Wertveränderungen der im Index enthaltenen Wertpapiere exakt wieder.

Abb. 44 a): Anforderungskriterien von Indizes

Quelle: Rödl & Partner, Köln

Kriterium	Definition
Stabilität	Indizes sollten ihre Zusammensetzung nicht häufiger als nötig ändern. Änderungen sollten transparent und vorhersehbar sein. Allerdings sind Anpassungen in regelmäßiger Abständen notwendig, damit der Index sein Marktsegment korrekt abbildet und damit auch als Benchmark fungieren kann.
Klare Regeln und Strukturen	In der manchmal stark verflochtenen Welt der Indexgestaltung ist es wichtig, potenzielle Interessenkonflikte zwischen der Gesellschaft, die den Index berechnet, und den Bestandteilen des Index erkennen zu können. Ebenso wichtig sind die Transparenz und allgemeine Offenlegung der Methodik zur Indexberechnung. Die Märkte unterliegen einem stetigen Wandel. Für Anleger ist die Prognose der Auswirkungen dieser Änderungen für eine Benchmark von entscheidender Bedeutung. So machte z. B. Salomon Smith Barney Anfang 2002 darauf aufmerksam, dass die komplexen Auswirkungen der Umstellung der MSCI-Indizes auf eine Free-Float-Basis wegen der undurchsichtigen Indexberechnungs-methodik von MSCI nur geschätzt werden können.
Korrekte und vollständige Datenbasis	Performance-Analysen gehören zu den Hauptargumenten für den Einsatz von Indizes als Benchmarks. Darum sollten diese Informationen allgemein zugänglich und die Daten auf den Websites der Gesellschaften zu finden sein, die den jeweiligen Index berechnen.
Akzeptanz bei Anlegern	Es überrascht nicht, dass Anleger bevorzugt Indizes verfolgen, die allgemein anerkannt und weit verbreitet sind. Hierbei spielt das Marketing eine wichtige Rolle. Die bereits erwähnte Kritik von Salomon Smith Barney an MSCI ist zum Beispiel nicht zuletzt darauf zurückzuführen, dass die internationalen Aktienindizes von Salomon seit 1989 auf Free-Float-Basis gewichtet sind. Dies fand in den Märkten jedoch kaum Anerkennung, da MSCI bei internationalen Aktienindizes einen deutlich höheren Marktanteil hatte. Aber wer sagt, dass die Welt gerecht ist?
Umsätze und Transaktionskosten	Märkte sind nicht starr und unbeweglich. Es findet ein laufender Anpassungsprozess statt. Jeder echte Benchmark-Index muss die Änderungen im Markt reflektieren. Veränderungen in der Zusammenstellung der Indizes sind jedoch mit Handelsumsätzen verbunden, die wiederum Transaktionskosten und steuerliche Nachteile für die Indexfonds nach sich ziehen können.
Auswahlkriterien	Sowohl für die Aufnahme in als auch für die Herausnahme aus dem Index müssen einfache, eindeutige, nachvollziehbare Regeln bestehen. So ist z. B. zu fixieren, wann Neuemissionen in den Index aufgenommen wurden.

Abb. 44 b): Anforderungskriterien von Indizes

Quelle: Rödl & Partner, Köln

Sind diese hohen Qualitätsstandards erfüllt, können Sie problemlos in einen Exchange Traded Funds investieren, der einem solchen Index zugrunde liegt. Eine effizienter Index spiegelt durch seine breite Diversifizierung nur das systematische Risiko einer Anlageklasse wider. Das unsystematische Risiko wird durch die Diversifikation gegen Null gesteuert. Je größer die Anzahl der Titel ist, die in einem Index enthalten sind, und je größer der hierdurch entstehende Effekt der Risikostreuung ist, desto geringer wird das unsystematische Risiko.

Nachfolgend geben wir Ihnen einen Überblick über die wichtigsten Indizes für Deutsche Anleger:

Die wichtigsten Indizes für Deutsche Anleger

	MSCI World	DJ Ind. Av	S&P 500	MSCI Europe	Euro Stoxx 50	Stoxx 50	Dax
Gewichtung	kapitalgewichtet	preisgewichtet	kapitalgewichtet	kapitalgewichtet	kapitalgewichtet	kapitalgewichtet	kapitalgewichtet
Anzahl der Aktien	1.471	30	500	531	50	50	30
Anlageschwerpunkt	intern. Standard- und Nebenwerte	Standardwerte USA	Standard- und Nebenwerte USA	intern. Standard- und Nebenwerte	Standardwerte Euro-Länder	Standardwerte Europa	Standardwerte Deutschland

Abb. 45

Quellen: MSCI, Dow Jones, Stoxx, S&P und Deutsche Börse

Die jeweilige Indexzusammensetzung bzw. Indexkomposition per 9. Oktober 2003 zeigen die folgenden Schaubilder:

Name DAX   **Blue-Chips Deutschland**

Code	Aktie	Gewichtung	Sektor
ADS	ADIDAS-SALOMON AG O.N.	0,99%	Consumer
ALV	ALLIANZ AG VNA O.N.	7,16%	Insurance
ALT	ALTANA AG O.N.	1,01%	Pharma + Healthcare
BAS	BASF AG O.N.	6,08%	Chemicals
HVM	BAY.HYPO-VEREINSBK.O.N.	1,80%	Banks
BMW	BAY.MOTOREN WERKE AG ST	3,18%	Automobile
BAY	BAYER AG O.N.	3,50%	Chemicals
CBK	COMMERZBANK AG O.N.	1,67%	Banks
DCX	DAIMLERCHRYSLER AG NA O.N	6,95%	Automobile
DBK	DEUTSCHE BANK AG NA O.N.	8,92%	Banks
DB1	DEUTSCHE BOERSE NA O.N.	1,42%	Financial Services
DPW	DEUTSCHE POST AG NA O.N.	1,62%	Transportation & Logistics
DTE	DT.TELEKOM AG NA	8,43%	Telecommunication
EOA	E.ON AG O.N.	7,72%	Utilities
FME	FRESEN.MED.CARE AG O.N.	0,48%	Pharma & Healthcare
HEN3	HENKEL KGAA VZO O.N.	0,96%	Consumer
IFX	INFINEON TECH.AG NA O.N.	1,45%	Technology
LIN	LINDE AG O.N.	0,81%	Industrial
LHA	LUFTHANSA AG VNA O.N.	1,12%	Transportation & Logistics
MAN	MAN AG ST O.N.	0,56%	Industrial
MEO	METRO AG ST O.N.	1,33%	Retail
MLP	MLP AG	1,00%	Financial Services
MUV2	MUENCH.RUECKVERS.VNA O.N.	3,22%	Insurance
RWE	RWE AG ST O.N.	2,60%	Utilities
SAP	SAP AG ST O.N.	7,00%	Software
SCH	SCHERING AG O.N.	1,93%	Pharma & Healthcare
SIE	SIEMENS AG NA	12,67%	Technology
TKA	THYSSENKRUPP AG O.N.	1,40%	Industrial
TUI	TUI AG O.N.	0,52%	Transportation & Logistics
VOW	VOLKSWAGEN AG ST O.N.	2,50%	Automobile

Sektorgewichtung

Technology	14,12%
Automobile	12,63%
Banks	12,39%
Insurance	10,37%
Utilities	10,32%
Chemicals	9,58%
Telecommunication	8,43%
Software	7,00%
Pharma & Healthcare	3,42%
Transportation & Logistics	3,26%
Industrial	2,77%
Consumer	1,95%
Financial Services	2,42%
Retail	1,33%

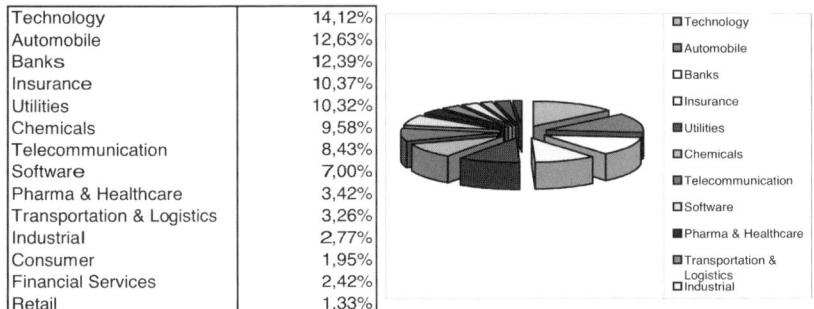

Abb. 46: Zusammensetzung DAX 30

Quelle: Rödl & Partner, Köln

185

Name	TecDAX	Technologie-Index	Deutschland

Code	Aktie	Gewichtung	Sektor
AIX	AIXTRON AG O.N.	2,43%	Technology
AUS	AT+S AUSTR.T.+SYSTEMT.	1,66%	Technology
BBZ	BB BIOTECH INH. SF 1	7,99%	Pharma & Healthcare
DRW3	DRAEGERWERK VORZ.A.O.N.	2,83%	Pharma & Healthcare
ELG	ELMOS SEMICONDUCTOR AG	0,82%	Technology
EPC	EPCOS AG NA O.N.	8,06%	Technology
EVT	EVOTEC OAI AG O.N.	1,86%	Pharma & Healthcare
FJH	FJH AG O.N.	0,87%	Software
FRN	FREENET. DE. O.N.	4,17%	Software
GPC	GPC BIOTECH AG	1,49%	Pharma & Healthcare
IDS	IDS SCHEER AG O.N.	1,83%	Software
XOS	IXOS SOFTWARE AG O.N.	1,46%	Software
JEN	JENOPTIK AG O.N.	3,00%	Industrial
KBC	KONTRON AG O.N.	2,35%	Technology
LIO	LION BIOSCIENCE AG O.N.	0,62%	Pharma & Healthcare
MNSN	MICRONAS SEM.HLDG NA SF 1	9,15%	Technology
MOB	MOBILCOM AG O.N.	3,91%	Telecommunication
PFV	PFEIFFER VACUUM TECH.O.N.	2,40%	Industrial
QIA	QIAGEN NV EO -,01	9,61%	Pharma & Healthcare
RPW	REPOWER SYSTEMS AG	0,58%	Industrial
SSI	SAP SYSTEMS INTEGR.O.N.	1,61%	Software
SMY	SCM MICROSYSTEMS DL-,001	1,08%	Technology
SNG	SINGULUS TECHNOL.	6,83%	Industrial
SOW	SOFTWARE AG O.N.	3,31%	Software
SMH	SUESS MICROTEC O.N.	1,18%	Technology
TLI	TELES AG INFORM. TECHN.	1,24%	Software
TOI	T-ONLINE INTERN. NA O.N.	10,77%	Software
EIE3	UTD.INTERNET AG NA	4,28%	Software
WE2	WEB.DE AG	1,50%	Software
WDO	WEDECO AG O.N.	1,11%	Industrial

Sektorgewichtung

Technology	36,53%
Industriegüter und Dienstleistungen	25,83%
Gesundheitswesen	21,57%
Telecommunication	12,36%
Pharmaindustrie	2,83%
Nicht zyclische Güter u.Dienstl.	0,87%

Ländergewichtung (%)

Deutschland	70,50
Schweiz	17,14
Niederlande	9,61
Österreich	1,66
USA	1,08

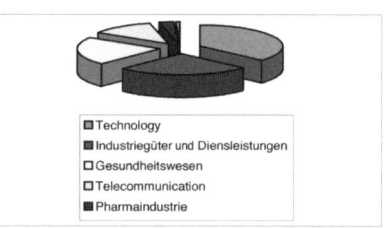

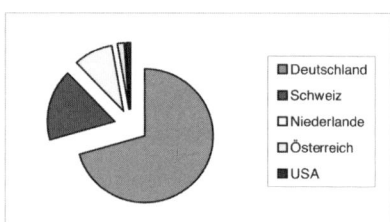

Abb. 47: Zusammensetzung TecDAX

Quelle: Rödl & Partner, Köln

Name   **Dow Jones EURO STOXX 50**   **Europa**

Code	Aktie	Land	Gewichtung %	Sektor
TOTF.PA	TOTAL	Frankreich	7,31	Energy
RD.AS	ROYAL DUTCH PETROLEUM	Niederlande	6,56	Energy
NOK1V.HE	NOKIA	Finnland	5,55	Technology
TEF.MC	TELEFONICA	Spanien	4,10	Telecommunications
SIEGn.DE	SIEMENS	Deutschland	3,66	Technology
BNPP.PA	BNP	Frankreich	3,08	Banks
SAN.MC	BCO SANTANDER CENTRAL HIS	Spanien	2,96	Banks
ENI.MI	ENI	Italien	2,81	Energy
DBKGn.DE	DEUTSCHE BANK R	Deutschland	2,57	Banks
AVEP.PA	AVENTIS	Frankreich	2,55	Healthcare
DTEGn.DE	DEUTSCHE TELEKOM	Deutschland	2,46	Telecommunications
ING.AS	ING GROEP	Niederlande	2,44	Insurance
BBVA.MC	BCO BILBAO VIZCAYA ARGENT	Spanien	2,41	Banks
UNc.AS	UNILEVER NV	Niederlande	2,34	Food & Beverages
EONG.DE	E.ON	Deutschland	2,26	Utilities
PHG.AS	PHILIPS ELECTRONICS	Niederlande	2,24	Cyclical Goods & Services
SOGN.PA	GROUPE SOCIETE GENERALE	Frankreich	2,14	Banks
ALVG.DE	ALLIANZ	Deutschland	2,06	Insurance
CARR.PA	CARREFOUR SUPERMARCHE	Frankreich	2,04	Non-Cyclical Goods
AAH.AS	ABN AMRO	Niederlande	2,02	Banks
DCXGn.DE	DAIMLERCHRYSLER	Deutschland	1,98	Automobile
BASF.DE	BASF	Deutschland	1,79	Chemicals
GASI.MI	ASSICURAZIONI GENERALI	Italien	1,74	Insurance
AXAF.PA	AXA UAP	Frankreich	1,73	Insurance
FTE.PA	FRANCE TELECOM	Frankreich	1,60	Telecommunications
TLIT.MI	TELECOM ITALIA	Italien	1,59	Telecommunications
CRDI.MI	UNICREDITO ITALIANO	Italien	1,58	Banks
SASY.PA	SANOFI SYNTHELABO	Frankreich	1,56	Healthcare
OREP.PA	L'OREAL	Frankreich	1,51	Non-Cycling Goods
FOR.AS	FORTIS	Niederlande	1,47	Finacial Services
EAUG.PA	VIVENDI UNIVERSAL	Frankreich	1,42	Media
DANO.PA	GROUPE DANONE	Frankreich	1,34	Food & Beverages
TIM.MI	TIM	Italien	1,21	Telecommunications
AEGN.AS	AEGON	Niederlande	1,14	Insurance
REP.MC	REPSOL YPF	Spanien	1,12	Energy
LVMH.PA	LVMH MOET HENNESSY	Frankreich	1,07	Cyclical Goods & Services
LYOE.PA	SUEZ	Frankreich	1,05	Utilities
BAYG.DE	BAYER	Deutschland	1,03	Chemicals
AIRP.PA	AIR LIQUIDE	Frankreich	1,02	Chemicals
CGEP.PA	ALCATEL	Frankreich	1,02	Technology
ELE.MC	ENDESA	Spanien	1,01	Utilities
SGOB.PA	SAINT GOBAIN	Frankreich	0,96	Construction
IBE.MC	IBERDROLA	Spanien	0,93	Utilities
MUVGn.DE	MUENCHENER RUECKVER R	Deutschland	0,91	Insurance
SPI.MI	SAN PAOLO IMI	Italien	0,88	Banks
ENEI.MI	ENEL	Italien	0,86	Utilities
LAFP.PA	LAFARGE	Frankreich	0,79	Construction
RWEG.DE	RWE	Deutschland	0,76	Utilities
VOWG.DE	VOLKSWAGEN	Deutschland	0,72	Automobile
AHLN.AS	AHOLD	Niederlande	0,63	Non-Cycling Goods

Sektorgewichtung (%)

Energy	17,8
Banks	17,65
Telecomunication	10,96
Technology	10,2
Insurance	10,01
Utility	6,87
Non-Cycling Goods	4,18
Healthcare	4,11
Chemical	3,85
Food & Beverages	3,68
Cyclical Goods & Services	3,31
Automovile	2,69
Construccion	1,75
Finance Service	1,47
Media	1,47

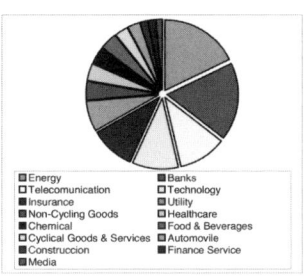

Ländergewichtung (%)

Frankreich	32,20
Deutschland	20,2
Niederlande	18,85
Spanien	12,53
Italien	10,68
Finnland	5,55

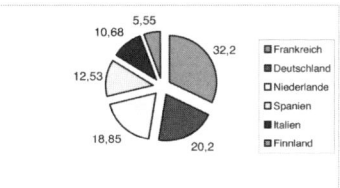

Abb. 48: Zusammensetzung DJ EuroStoxx 50

Quelle: Rödl & Partner, Köln

Name	Dow Jones Industrial Average		USA	
Code	**Aktie**	**Land**	**Gewichtung %**	**Sektor**
PG.N	Procter & Gamble Co.	US	7,21	Non -Cycling Goods
IBM.N	International Business Mach.	US	7,04	Technology
UTX.N	United Technologies Corp.	US	6,25	Industry Goods & Services
CAT.N	Caterpillar Inc.	US	5,72	Industry Goods & Services
MMM.N	3M Co.	US	5,54	Industry Goods & Services
WMT.N	Wal-Mart Stores Inc.	US	4,45	Retail Sellers
MRK.N	Merck & Co. Inc.	US	3,81	Healthcare
JNJ.N	Johnson & Johnson	US	3,80	Healthcare
C.N	Citigroup Inc.	US	3,63	Financial Services
AXP.N	American Express Co.	US	3,54	Financial Services
MO.N	Altria Group Inc.	US	3,31	Non - Cycling Goods
KO.N	Coca-Cola Co.	US	3,17	Food & Beverages
GM.N	General Motors Corp.	US	3,08	Automobile
DD.N	E.I. DuPont de Nemours & Co.	US	3,05	Chemicals
IP.N	International Paper Co.	US	3,00	Basics Materials
XOM.N	Exxon Mobil Corp.	US	3,00	Energy
BA.N	Boeing Co.	US	3,00	Industry Goods & Services
JPM.N	J.P. Morgan Chase & Co.	US	3,00	Banks
HD.N	Home Depot Inc.	US	3,00	Retail Sellers
GE.N	General Electric Co.	US	2,71	Industry Goods & Services
INTC.OQ	Intel Corp.	US	2,40	Technology
MSFT.OQ	Microsoft Corp.	US	2,28	Technology
AA.N	Alcoa Inc.	US	2,10	Basics Materials
HON.N	Hone well International Inc.	US	2,00	Industry Goods & Services
MCD.N	McDonald's Corp.	US	2,00	Cycling Goods Services
SBC.N	SBC Communications Inc.	US	1,18	Telecommunications
EK.N	Eastman Kodak Co.	US	1,90	Cycling Goods Services
HPQ.N	Hewlett-Packard Co.	US	1,63	Technology
T.N	AT&T Corp.	US	1,50	Telecommunications
DIS.N	Walt Disney Co.	US	0,87	Media

Sektorgewichtung (%)

Industry Goods & Serv.	21,39
Technology	10,82
Basics Materials	10,73
Non -Cycling Goods	10,63
Financial Services	9,91
Healthcare	7,61
Retail Seller	7,07
Cycling Goods Serv.	5,12
Food & Beverages	3,37
Telecommunication	3,24
Automobile	3,20
Chemicals	3,14
Energy	2,90
Media	0,87

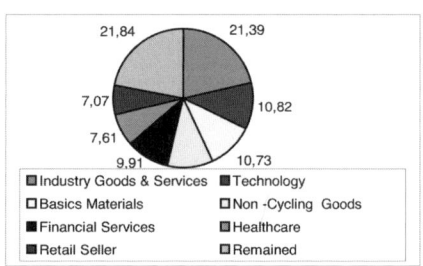

Ländergewichtung (%)

USA	99,12
Others	0,88

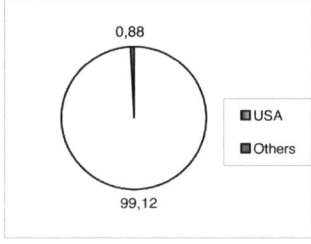

Abb. 49: Zusammensetzung Dow Jones Industrial Average

Quelle: Rödl & Partner, Köln

Name	S&P 500	USA

Sektor	Gewichtung %
Energy	4,60
Materials	6,80
Industrials	11,80
Consumer Discretionary	17,20
Consumer Staples	7,40
Health Care	9,40
Financials	16,60
Information Technology	16,60
Telecomunications Services	2,40
Utilities	7,20

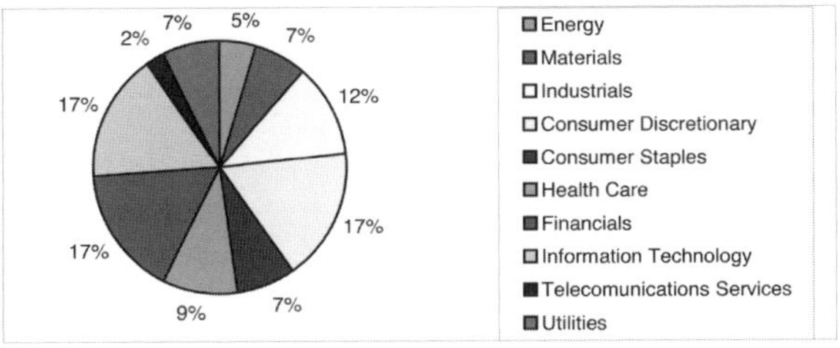

Abb. 50: Zusammensetzung S&P 500

Quelle: Rödl & Partner, Köln

Name   **NASDAQ 100**
Technologie-Index USA

Top Ten Holdings

		Gewichtung %
1	Microsoft Corp	10,15
2	Intel Corp	5,1
3	Cisco Systems Inc.	4,49
4	Amagen Inc.	4,28
5	QUALCOMM Incorporated	3,65
6	Dell Computer Corp	3,24
7	Comcast Corporation	3,07
8	Oracle Corp	2,82
9	eBay Inc.	2,65
10	Nextel Communications, Inc.	2,48
	TOTAL	**41,93**

Sektorgewichtung (%)

Computer & Office Equipment	28%
Computer Software/ Services	28%
Telecommunications	11%
Biotechnology	11%
Retail/Wholesale Trade	9%
Health Care	4%
Services	3%
Manufacturing	1%
Sonstige	5%
Transportation	0%

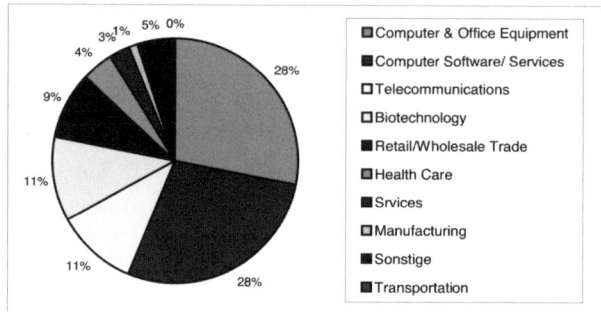

Abb. 51: Zusammensetzung Nasdaq 100

Quelle: Rödl & Partner, Köln

Name   **FTSE 100**   **Großbritannien**

Aktie	Land	Gewichtung %
BP PLC	GBP	9,09
HSBC Holdings PLC	GBP	8,69
Vodafone Group PLC	GBP	8,11
GlaxoSmithkline	GBP	7,36
Royal Bank of Scotland PLC	GBP	4,55
Astrazeneca PLC	GBP	4,33
Shell Transport and Trading Co. PLC	GBP	3,58
Barclys PLC LS 0,25	GBP	3,16
HBOS LS-, 25	GBP	2,63
Lloyds Tsb Group	GBP	2,28

Sektorgewichtung (%)

Banks	23,75
Energy	13,56
Healthcare	12,70
Telecommunication	10,45
Non- Cycling Goods	5,52
Food & Beverages	5,43
Basic Materials	4,67
Media	3,61
Provider	3,59
Remain Sellers	3,54
Insurance	3,34
Industry Goods & Services	2,76
Finance Services	2,58
Cycling Goods Services	2,15
Chemicals	0,61
Construction	0,29

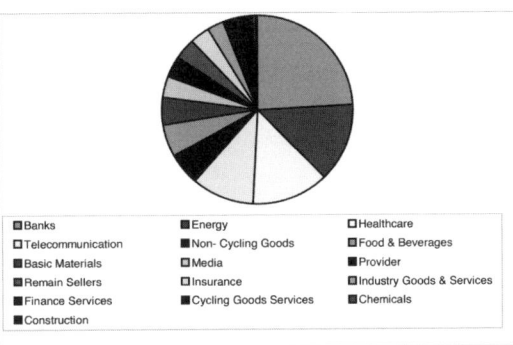

Ländergewichtung (%)

Großbritanien	98,78
Others	1,22

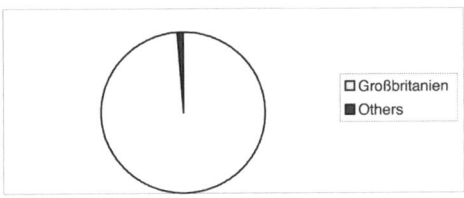

Abb. 52: Zusammensetzung FTSE 100

Quelle: Rödl & Partner, Köln

191

Name   **SMI**   Schweiz

Aktie	Land	Gewichtung %
NOVARTIS	Schweiz	20,88
NESTLE	Schweiz	16,92
UBS	Schweiz	14,47
ROCHE GS	Schweiz	11,41
CS GROUP	Schweiz	6,48
ZURICH FINANCE	Schweiz	3,55
SWISS RE	Schweiz	3,69
SWISSCOM	Schweiz	1,45
ADECCO	Schweiz	1,06
RICHEMONT	Schweiz	1,74
SYNGENTAL	Schweiz	1,05
ABB LTD	Schweiz	0,76
HOLCIM	Schweiz	1,12
SERONO- B- I	Schweiz	0,86
SWISS LIFE HOLDINGS	Schweiz	0,38
CENTERPULSE	Schweiz	0,66
CIBA	Schweiz	0,83
LONZA	Schweiz	0,39
SWATCH	Schweiz	0,63
GIVAUDAN	Schweiz	0,63
CONVERIUM HLDG	Schweiz	0,38
SGS SURVEILLANCE	Schweiz	0,48
JULIUS BAER	Schweiz	0,46
BALOISE	Schweiz	0,37
CLARIANT	Schweiz	0,25
OTHERS		29,98

Sektorgewichtung (%)

Healthcare	21,39
Food & Beverages	10,82
Banks	10,73
Insurance	10,63
Finance Services	9,91
Industry Goods & Services	7,61
Cycling Goods Services	7,07
Chemicals	5,12
Telecommunication	3,37
Construction	3,24
Non- Cycling Goods	3,20
Technology	3,14

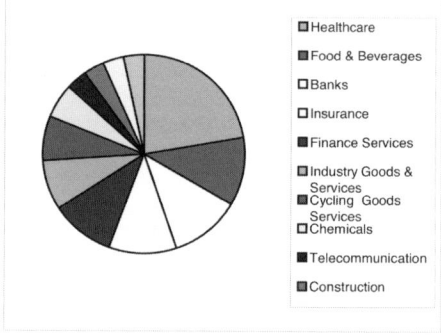

Ländergewichtung (%)
100% Schweiz

Abb. 53: Zusammensetzung SMI

Quelle: Rödl & Partner, Köln

Fondszusammenfassung   **eb.rexx Government Germany
Renten-Index**

Name	Gewichtung %
BUNDANL. V.02/12 5,00	6,16
BUNDANL. V. 02/12 5,00	5,71
BUNDANL. V. 01/11 5,00	5,49
BUNDANL. V.00/11 5,25	5,34
BUNDANL. V. 03/13 4,50	5,28
BUNDANL. V. 99/10 5,375	4,68
BUNDANL. V. 99 /10 5,25	4,65
BUNDANL. V. 03/13 3,75	4,54
BUNDESOBL. V. 02/07 4,50	4,49
BUNDANL. V. 99/09 4,50	4,48
BUNDESOBL. V. 01/07 4,00	3,98
BUNDANL. V. 97/ 07 6,00	3,62
BUNDANL. V. 97/ 07 6,00	3,59
BUNDANL. V. 98/ 07 5,25	3,54
BUNDESOBL. V. 00/ 05 5,00	3,37
BUNDOBL. V. 00/ 06 5,00	3,16
BUNDESOBL. V. 01/ 06 4,50	3,14
BUNDESOBL. V. 02/ 08 4,25	3,11
BUNDANL. V. 98/ 08 4,125	3,06
BUNDANL. V. 99/ 09 3,75	3,04
BUNDESOBL V. 03/ 08 3,00	2,96
BUNDANL. V. 96/ 06 6,00	2,94
BUND SCHWATZANW: 03/05 2,00	2,56
BUNDANL. V. 99/ 09 4,00	2,41
BUNDANL. V. 95/ 05 6,50	2,36

Restlaufzeit (%)

bis zu 2 Jahren	5,93
bis zu 3 Jahren	11,61
bis zu 4 Jahren	15,68
bis zu 5 Jahren	12,67
bis zu 6 Jahren	9,93
bis zu 7 Jahren	9,32
bis zu 8 Jahren	10,83
bis zu 9 Jahren	11,87
bis zu 10 Jahren	9,82

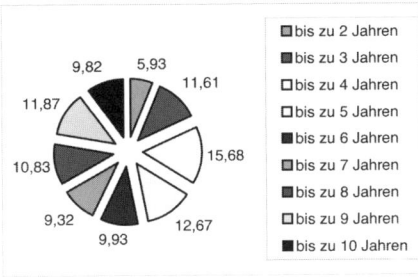

Ländergewichtung (%)
100% Deutschland

Abb. 54: Zusammensetzung eb.rexx Government Germany

Quelle: Rödl & Partner, Köln

RENDITEBERECHNUNGSTABELLEN

Renditeentwicklung Einmalanlage

ETF-Einmalanlage in Höhe von 1.000 Geldeinheiten

Rendite / Jahre	1%	2%	3%	4%	5%	6%	7%	8%	9%	10%	12%	14%	16%	18%	20%
1	1010	1020	1030	1040	1050	1060	1070	1080	1090	1100	1120	1140	1160	1180	1200
2	1020	1040	1061	1082	1103	1124	1145	1166	1188	1210	1254	1300	1346	1392	1440
3	1030	1061	1093	1125	1158	1191	1225	1260	1295	1331	1405	1482	1561	1643	1728
4	1041	1082	1126	1170	1216	1262	1311	1360	1412	1464	1574	1689	1811	1939	2074
5	1051	1104	1159	1217	1276	1338	1403	1469	1539	1611	1762	1925	2100	2288	2488
6	1062	1126	1194	1265	1340	1419	1501	1587	1677	1772	1974	2195	2436	2700	2986
7	1072	1149	1230	1316	1407	1504	1606	1714	1828	1949	2211	2502	2826	3185	3583
8	1083	1172	1267	1369	1477	1594	1718	1851	1993	2144	2476	2853	3278	3759	4300
9	1094	1195	1305	1423	1551	1689	1838	1999	2172	2358	2773	3252	3803	4435	5160
10	1105	1219	1344	1480	1629	1791	1967	2159	2367	2594	3106	3707	4411	5234	6192
11	1116	1243	1384	1539	1710	1898	2105	2332	2580	2853	3479	4226	5117	6176	7430
12	1127	1268	1426	1601	1796	2012	2252	2518	2813	3138	3896	4818	5936	7288	8916
13	1138	1294	1469	1665	1886	2133	2410	2720	3066	3452	4363	5492	6886	8599	10699
14	1149	1319	1513	1732	1980	2261	2579	2937	3342	3797	4887	6261	7988	10147	12839
15	1161	1346	1558	1801	2079	2397	2759	3172	3642	4177	5474	7138	9266	11974	15407
16	1173	1373	1605	1873	2183	2540	2952	3426	3970	4595	6130	8137	10748	14129	18488
17	1184	1400	1653	1948	2292	2693	3159	3700	4328	5054	6866	9276	12468	16672	22186
18	1196	1428	1702	2026	2407	2854	3380	3996	4717	5560	7690	10575	14463	19673	26623
19	1208	1457	1754	2107	2527	3026	3617	4316	5142	6116	8613	12056	16777	23214	31948
20	1220	1486	1806	2191	2653	3207	3870	4661	5604	6727	9646	13743	19461	27393	38338
21	1232	1516	1860	2279	2786	3400	4141	5034	6109	7400	10804	15668	22574	32324	46005
22	1245	1546	1916	2370	2925	3604	4430	5437	6659	8140	12100	17861	26186	38142	55206
23	1257	1577	1974	2465	3072	3820	4741	5871	7258	8954	13552	20362	30376	45008	66247
24	1270	1608	2033	2563	3225	4049	5072	6341	7911	9850	15179	23212	35236	53109	79497
25	1282	1641	2094	2666	3386	4292	5427	6848	8623	10835	17000	26462	40874	62669	95396
26	1295	1673	2157	2772	3556	4549	5807	7396	9399	11918	19040	30167	47414	73949	114475
27	1308	1707	2221	2883	3733	4822	6214	7988	10245	13110	21325	34390	55000	87260	137371
28	1321	1741	2288	2999	3920	5112	6649	8627	11167	14421	23884	39204	63800	102967	164845
29	1335	1776	2357	3119	4116	5418	7114	9317	12172	15863	26750	44693	74009	121501	197814
30	1348	1811	2427	3243	4322	5743	7612	10063	13268	17449	29960	50950	85850	143371	237376
31	1361	1848	2500	3373	4538	6088	8145	10868	14462	19194	33555	58083	99586	169177	284852
32	1375	1885	2575	3508	4765	6453	8715	11737	15763	21114	37582	66215	115520	199629	341822
33	1389	1922	2652	3648	5003	6841	9325	12676	17182	23225	42092	75485	134003	235563	410186
34	1403	1961	2732	3794	5253	7251	9978	13690	18728	25548	47143	86053	155443	277964	492224
35	1417	2000	2814	3946	5516	7686	10677	14785	20414	28102	52800	98100	180314	327997	590668
36	1431	2040	2898	4104	5792	8147	11424	15968	22251	30913	59136	111834	209164	387037	708802
37	1445	2081	2985	4268	6081	8636	12224	17246	24254	34004	66232	127491	242631	456703	850562
38	1460	2122	3075	4439	6385	9154	13079	18625	26437	37404	74180	145340	281452	538910	1020675
39	1474	2165	3167	4616	6705	9704	13995	20115	28816	41145	83081	165687	326484	635914	1224810
40	1489	2208	3262	4801	7040	10286	14974	21725	31409	45259	93051	188884	378721	750378	1469772

Abb. 55: Renditeberechnungstabelle „Einmalanlage"

Quelle: Robert Beer Vermögensverwaltung

Fonds-Sparpläne auf ETFs

Seit gut einem Jahr gibt es auch Sparpläne auf Exchange Traded Funds. Das Angebot kommt dabei überwiegend von Direktanlagebanken und Discountbrokern. So bietet zum Beispiel die DAB-Bank in Verbindung mit dem ETF-Anbieter INDEXCHANGE Sparpläne auf ETFs an. Auch die UNICO bietet Sparpläne auf ihre i-tracker-ETFs an. Hierbei gilt es, folgendes zu beachten:

a) Bei den Sparplan-ETFs bleiben die Kostenvorteile der Einzelanlage-ETFs erhalten;

b) Wenn Sie einen Sparplan auf einen ETF abschließen, können Sie diesen nicht über die Börse kaufen;

c) Sie können die ETF-Sparpläne beispielsweise bei den o. g. Discountbrokern kaufen;

d) Bei ETF-Sparplänen fallen folgende Kosten an:

- Ausgabeaufschlag in Höhe von 2,5 Prozent;

- Jährliche Managementgebühr in Höhe von 0,25 bis 0,5 Prozent;

- Depotführung ist bei Discountbrokern i. d. R. kostenlos;

e) Die Mindestsparrate pro Monat beträgt 50,00 Euro.

Durch die monatliche Anlage eines bestimmten Geldbetrages in ETF-Sparpläne, machen Sie sich den Cost-Average-Effekt zu Nutze. Vor dem Hintergrund regelmäßiger, konstanter Ein-zahlungen, erwerben Sie bei fallenden Kursen mehr und bei steigenden Kursen entsprechend weniger ETF-Anteile. Die Wertentwicklung Ihrer Anlage ist somit um ein Vielfaches besser.

Monatliche Sparrate in einen ETF: 100 Geldeinheiten

Rendite / Jahre	1%	2%	3%	4%	5%	6%	7%	8%	9%	10%	11%	12%	13%
1	1206	1211	1217	1222	1228	1234	1239	1245	1251	1257	1262	1268	1274
2	2423	2447	2470	2494	2519	2543	2568	2593	2619	2645	2671	2697	2724
3	3653	3707	3762	3818	3875	3934	3993	4054	4115	4178	4242	4308	4374
4	4895	4993	5093	5196	5301	5410	5521	5635	5752	5872	5996	6122	6252
5	6150	6305	6465	6630	6801	6977	7159	7348	7542	7744	7952	8167	8389
6	7417	7643	7878	8122	8376	8641	8916	9203	9501	9811	10134	10471	10822
7	8697	9008	9334	9675	10033	10407	10800	11211	11643	12095	12569	13067	13589
8	9990	10401	10835	11292	11774	12283	12820	13387	13986	14618	15286	15993	16739
9	11296	11822	12381	12974	13604	14274	14986	15743	16548	17405	18318	19289	20324
10	12615	13272	13974	14725	15528	16388	17308	18295	19351	20484	21700	23004	24404
11	13947	14751	15616	16547	17551	18632	19799	21058	22417	23886	25473	27190	29046
12	15293	16260	17307	18444	19676	21015	22469	24051	25771	27644	29683	31906	34330
13	16652	17799	19050	20417	21911	23545	25333	27292	29439	31795	34381	37221	40343
14	18025	19369	20847	22471	24260	26230	28404	30802	33452	36381	39622	43210	47185
15	19411	20971	22697	24609	26729	29082	31696	34604	37841	41447	45469	49958	54973
16	20812	22606	24604	26834	29324	32109	35227	38721	42641	47044	51993	57562	63835
17	22227	24273	26569	29149	32052	35323	39013	43180	47892	53226	59272	66131	73920
18	23655	25974	28594	31559	34920	38735	43072	48009	53635	60056	67393	75786	85398
19	25098	27709	30680	34067	37935	42358	47425	53238	59917	67602	76454	86666	98459
20	26556	29480	32830	36677	41103	46204	52093	58902	66789	75937	86564	98926	113324
21	28028	31286	35045	39394	44434	50287	57098	65036	74305	85145	97843	112740	130241
22	29516	33128	37328	42221	47935	54623	62465	71679	82526	95317	110428	128307	149492
23	31018	35008	39680	45164	51616	59225	68219	78521	91518	106555	124469	145847	171401
24	32535	36926	42104	48226	55484	64112	74390	86665	101354	118969	140135	165613	196334
25	34067	38882	44601	51413	59551	69299	81007	95103	112112	132683	157613	187885	224709
26	35615	40878	47174	54730	63826	74807	88102	104241	123880	147834	177115	212981	257000
27	37178	42914	49825	58182	68319	80655	95711	114138	136751	164570	198872	241261	293749
28	38757	44991	52558	61775	73042	86863	103869	124856	150830	183059	223148	273127	335570
29	40352	47111	55373	65514	78007	93454	112617	136464	166230	203485	250233	309035	383164
30	41963	49273	58274	69405	83226	100452	121997	149036	183074	226049	280452	349496	437327
31	43590	51478	61263	73455	88712	107881	132056	162651	201499	250976	314168	395090	498966
32	45233	53728	64343	77670	94478	115768	142841	177396	221651	278513	351785	446465	569114
33	46893	56024	67516	82056	100540	124142	154406	193365	243695	308503	393756	504356	648945
34	48570	58366	70787	86622	106912	133032	166808	210659	267806	342539	440583	569589	739794
35	50263	60755	74156	91373	113609	142471	180105	229388	294178	379664	492830	643096	843184
36	51974	63192	77629	96318	120650	152492	194365	249672	323025	420676	551122	725925	960845
37	53701	65679	81206	101464	128050	163131	209654	271640	354578	465983	616159	819259	1094747
38	55446	68215	84893	106820	135829	174426	226050	295431	389091	516034	688723	924429	1247132
39	57209	70803	88692	112395	144006	186418	243630	321197	426841	571326	769683	1042938	1420550
40	58989	73444	92606	118196	152602	199149	262481	349101	468132	632408	860013	1176477	1617907

Abb. 56: Renditeberechnungstabelle „Sparplan"

Quelle: Robert Beer Vermögensverwaltung

VERZEICHNIS DER ETF-ANBIETER

	Internetpräsenz	Kontaktdaten	Ansprechpartner
Indexchange Investment AG	www.indexchange.com	Indexchange Investment AG, Apianstraße 5, 85774 Unterföhring; Tel: 089-92694-8112 Fax: 089-92694-898112	Thomas Pohlmann Head of Marketing & Product Marketing Tel.: 089-92694-8110 Fax: 089-92694-898110 E-Mail: thomas.pohlmann@indexchange.com
Fresco Index Shares	www.frescoshares.com www.ubs.com	UBS Global Asset Management GmbH Stephanstraße 14-16 60313 Frankfurt am Main Tel.: 069-13 69 59 55 Fax: 069-13 69 53 11	Axel Ullmann Investor Contact Tel.: 069-13 69 59 55 Fax: 069-13 69 53 10 E-Mail: axel.ullmann@ubs.com
			Alexander Pivecka Press Contact Tel.: 069-13 69 53 03 E-Mail: alexander.pivecka@ubs.com
Unico Asset Management	www.unico-fonds.com	Unico Asset Management S.A. 308, route d'Esch L-1471 Luxembourg-Gasperich Tel.: 00352-26 40 69 02 Fax: 00352-36 40 69 99	Privatkunden Deutschland Client Relationship Management Tel.: 0180-38 64 26 0 (€ 0,09 pro Minute) Fax: 0180-38 64 261 (€ 0,09 pro Minute) E-Mail: contact@unico-service.com
			Privatkunden International Client Relationship Management Tel.: 00352-26 40 64 00 E-Mail: contact@unico-service.com
			Institutionelle Kunden Deutschland Tel.: 0180-38 64 26 2 (€ 0,09 pro Minute) Fax: 0180-38 64 263 (€ 0,09 pro Minute) E-Mail: contact@unico-service.com
Barclays Capital	www.barcap.com	Barclays Capital, 5th North Colonade Canary Wharf GB-London E14 4BB, Großbritannien Tel.: 0044-20-76 23 23 23	Nur für Institutionelle Kunden: Barclay Capital Behzad Mansouri Portfolio Strategies Barclays Tel.: 0044-20-77 73 22 35 E-Mail: behzad.mansouri@barclayscapital.com
	www.ishares.net	Barclays Global Investors Limited 54 Lombard Street GB-London EC3P 3AH Großbritannien Tel.: 0044-20-76 68 80 00	
Credit Suisse Asset Management Deutschland	www.csam.de	Credit Suisse Asset Management Deutschland GmbH, Messe Turm, 60308 Frankfurt; Tel.: 069-75 38 15 67, Fax: 069-75 38 17 96	Service Line: Tel.: 069-75 38 11 11, Fax: 069-75 38 17 96, E-Mail: info.csam@csam.com (Mo-Fr 8.30-17.00Uhr)
Lyxor Asset Management	www.masterunit.de	Lyxor International Asset Management 17, Cours Valmy 92987 Paris – La Defense Frankreich	Frank Burkhardt Tel. 0033 1-42 13 49 71 Fax 0033 1-42 13 47 38 Tel. 0033 1-74 666 Fax 069-71 74 672 Frank.burkhardt@sgcib.com infos@masterunit.de
State Street Global Advisors	www.ssga.com www.statestreetfrance.com	State Street Banque 21-25 Rue Balzac FRA – 75406 Paris Cedex 08, Frankreich Tel.: 0033-1-53 75 80 00	contact@ssga.com
		Office Deutschland: State Street Global Investment GmbH Brienner Str. 59 80333 München Tel.:089-55 87 84 00	
DWS Investments	www.dws.de	DWS Investments Mainzer Landstraße 178-190 60327 Frankfurt	DWS Call Center (8 bis 18 Uhr) Tel. 01803-10 11 10 11 (0,09 Euro/Min.)

Abb. 57: Verzeichnis der ETF-Anbieter

Quelle: Rödl & Partner Köln

WICHTIGE ETF-WEBSITES

ETF-Anbieter

AXA Investment Managers	www.axa-im.de
Barclays Global Investors	www.barclaysglobal.com
Beta1	www.beta1.com
Credit Suisse Assets Management	www.csam.com
DWS Investment GmbH	www.dws.de
EasyETF	www.easyETF.com
TrackinDex	www.trackindex.com
Fresco	www.frescoshares.com
iShares	www.ishares.net
LDRS	www.ldrs-funds.com
Global Sector LDRs	www.globalsectors.com
HEX 25 ETF	www.hex25.com
Indexchange	www.indexchange.com
Lyxor Asset Management	www.masterunit.com
MasterUnit	www.masterunit.com
Merrill Lynch	www.ml.com

SPDR Europe	www.spdreurope.com
State Street Global Advisor	www.ssga.com
StreetTRACKS	www.statestreetfrance.com
Unico i-tracker	www.unico-fonds.com
XAVEX Sicav	www.xavex.com
XACT OMX	www.xactfonder.com
Xmtch SMI	www.xmtch.ch

Börsenplätze

Börse Berlin	www.berlinerboerse.de
Borsa Italiana	www.borsaitalia.it
Deutsche Börse	deutsche-boerse.com
Euronext Amsterdam	www.euronext.com
Euronext Brussels	www.euronext.com
Euronext Paris	www.euronext.com
Helsinki Stock Exchange	www.hexgroup.com
London Stock Exchange	www.londonstockexchange.com
NASDAQ Europe	www.nasdaqeurope.com
Stockholm Stock Exchange	www.omgroup.com

Swiss Stock Exchange   www.swx.com

Börse Stuttgart   www.boerse-stuttgart.de

Virt-x   www.virt-x.com

Indexprovider

Die Auswahl der Unternehmen und deren Gewichtung innerhalb eines Index erfolgt durch Indexprovider. Bedeutende Indexprovider im Aktiensegment sind zum Beispiel

	MSCI	Dow Jones	Stoxx	S&P	Deutsche Börse
Preis- oder Perfomance-Indizes?	beide	beide	beide	beide	beide
Wie oft wird die Indexzusammenstellung überprüft?	vierteljährlich aufgrund Veränderungen im Kapitalmarkt	Branchen- und Regionen-Indizes vierteljährlich, Standardwerte-Indizes jährlich	Branchen- und Regionen-Indizes vierteljährlich, Standardwerte-Indizes jährlich	monatlich, bei den großen Indizes wie dem S&P 500 auch zwischenzeitlich	Sdax vierteljährlich,Mdax und TecDax halbjährlich Dax jährlich
Können Anleger die Indizes einsehen?	nein	ja, unter www.djindexes.com	ja, unter www.stoxx.com	ja, unter www.spglobal.com	ja, unter www.deutsche-boerse.com
Spielen Branchen bei der Aktienauswahl eine Rolle?	ja	nein	nein	ja	nein

Abb. 58: Wichtige Indizes

Quellen: Der Fonds, Rödl & Partner, Köln

Dow Jones	www.djindices.com
Dow Jones Stoxx	www.stoxx.com
MSCI	www.msci.com
Deutsche Börse	www.deutsche-boerse.com
Standard & Poor's	www.spglobal.com
iBOXX	www.iboxx.com
FTSE	www.ftse.com

Informationsdienste

Onvista	www.onvista.de
T-Online	www.t-online.de
Der Fonds	www.derfonds.com
Rödl & Partner	www.etf-inside.de
Indexfunds	www.indexfunds.com

ETF-Glossar

Absicherung (engl.: hedging): Strategie, um die Konsequenzen einer plötzlichen, ungünstigen Entwicklung von Wertpapierkursen, Zinsen und Wechselkursen zu mildern. Fonds setzen daher öfters entsprechende Instrumente – Optionen, Futures, Swaps – zur Sicherung des Fondsvermögens ein.

Agio (Aufgeld, Aufschlag): Differenz zwischen dem Nennwert (Nominalwert) und dem höheren Kurswert eines Wertpapiers bei dessen Neuausgabe. Das Agio wird in der Regel in Prozent ausgewiesen. Gegensatz: Disagio.

Aktie: Wertpapier, das einen Anteil am Grundkapital einer Aktiengesellschaft verbrieft und dem Inhaber Vermögens- und Mitspracherechte sichert. Der Aktienkurs ergibt sich aus Angebot und Nachfrage an der Börse, er repräsentiert den Wert eines Unternehmens.

Anlagefonds/Aktienfonds: Vermögen, das aufgrund öffentlicher Werbung von den Anlegern zur gemeinschaftlichen Kapitalanlage aufgebracht und von der Fondsleitung in der Regel nach dem Grundsatz der Risikoverteilung für Rechnung der Anleger verwaltet wird.

Arbitrage: Geschäft, das Preis- oder Kursunterschiede für dasselbe Objekt an verschiedenen Märkten zur Gewinnerzielung ausnutzt.

Asset Allocation: Aufteilung des Kapitals auf verschiedene Investment-Kategorien (Aktien, Anleihen, Immobilien, Währungen etc.) und Märkte. Die Grundidee ist dabei, dass der Ertrag in erster Linie von der Auswahl der Anlageklassen und deren Gewichtung abhängt. Ziel ist die Optimierung von Risiko und Ertrag im Portfolio.

Asset Management: Englische Bezeichnung für Vermögensverwaltung.

Benchmark: Messlatte für die Wertentwicklung verschiedener Anlageformen. Dafür eignen sich Indizes (z. B. für die Performance eines österreichischen Aktienfonds mit der Entwicklung des ATX).

Bestens-Order: Auftrag zum sofortigen Kauf oder Verkauf eines Wertpapiers zum bestmöglichen Kurs.

Bonds: Englische Bezeichnung für festverzinsliche Wertpapiere.

Cashflow: Erwirtschafteter Finanzüberschuss eines Unternehmens.

Cash-Management: Dient der Steuerung, Planung und Kontrolle der kurzfristigen Liquidität und soll die Rentabilität optimieren.

Closed-ended Funds: Hierbei handelt es sich um Investmentfonds, die nur eine festgesetzte Anzahl an Anteilen ausgeben. Maßgeblich für den Kurs sind Angebot und Nachfrage.

Core-Satellite-Strategie: Ansatz, der den Großteil des Vermögens mit Index-/ Indexnahen Produkten oder Fonds abdeckt, um die dann spezielle Produkte wie Emerging-Markets-Fonds etc. gruppiert werden.

Derivate: keine eigenständigen Anlageinstrumente, sondern Rechte, deren Bewertung in erster Linie aus dem Preis und den Preisschwankungen und -erwartungen eines zugrunde liegenden Basisinstruments, zum Beispiel Aktien und Anleihen, abgeleitet ist. Zu den Derivaten gehören alle Arten von Optionen und Futures.

Diversifikation: Streuung in verschiedene Aktientitel, Schuldner oder Währungen. Dadurch wird dem Risiko des Totalverlustes vorgebeugt.

Equities: Vermögen, Aktien.

Exchange Traded Funds: Indexfonds, die sich in ihrer Zusammensetzung an die Gewichtung eines Index binden und jederzeit ohne Ausgabeaufschlag gehandelt werden können. Der Handel mit ETFs wird über die Handelsplattform XTF abgewickelt.

Fixed Income: Festverzinslich.

Fundamentale Analyse: Methode der Aktienanalyse, die sich auf die fundamentalen Daten eines Unternehmens (Cashflow, Kostenstruktur, Ertragskraft, Zukunftsaussichten usw.) konzentriert und die hieraus ermittelten Kennzahlen verschiedener Unternehmen derselben Branche miteinander vergleicht, um zwischen gegebenen Anlagealternativen entscheiden zu können.

Futures: Geschäfte auf einen fixen, zukünftigen Termin. Käufer und Verkäufer sind (anders als bei Optionen) verpflichtet, das zugrunde liegende Basisobjekt zu erwerben bzw. zu verkaufen. Futures sind hinsichtlich ihrer Ausgestaltung standardisiert und daher börsenhandelbar.

Hedging: Verhalten eines Marktteilnehmers, der z. B. Futures und Optionen verwendet, um beispielsweise ein Aktienpaket gegen mögliche Kursverluste abzusichern. Die Begrenzung von Kursverlusten ist durch den im Voraus fixierten Verkaufspreis (= Ausübungspreis) gegeben (engl. to hedge = absichern).

Indikativer Net Value: Im Gegensatz zum Net Asset Value fortlaufend berechneter Wert für börsennotierten Fonds. Die Deutsche Börse berechnete derzeit im Auftrag des Emittenten diese Werte für die in XTF gelisteten Indexfondsanteile und veröffentlicht sie wie Aktienkurs.

(Indicative) Net Asset Value (Nettoinventarwert): Der Net Asset Value (NAV) wird einmal täglich von der Fondsgesellschaft geliefert. Er gibt den Wert des Portfolios zu einem festgelegten Zeitpunkt (meist 14.00 Uhr) an. Der indikative NAV wird fortlaufend von der Deutschen Börse für Indexfonds berechnet. Die Fondsgesellschaft meldet vor Handelsbeginn das aktuelle Portfolio an die Deutsche Börse. Diese berechnet den indikativen NAV dann fortlaufend für das Tages-Portfolio aus den aktuellen Marktpreisen. Ausländische

Werte werden mit den Kursen der Heimatbörse bewertet. Sofern diese Börsen noch geschlossen sind, werden die Xetra-Preise als Referenzkurse angenommen. Seit Anfang 2002 bietet die Deutsche Börse eine indikative NAV-Berechnung auch für aktiv gemanagte Fonds an.

Indexzertifikat: Indexzertifikate sind an Börsen gehandelte Wertpapiere, die oft eine bestimmte Laufzeit haben und deren Kursentwicklung exakt dem jeweils zugrunde liegenden Index entspricht.

Joint Venture: Kooperationsvereinbarung über den gemeinsamen Betrieb von Unternehmen, die einzubringenden Kapitalien, das zu liefernde Knowhow, die aufzuteilenden Gewinne usw.

Limit-Order: Auftrag zum Kauf oder Verkauf eines bestimmten Wertpapiers zu einem vorgegebenen Kurs.

Long- und Short-Verkauf: Ein Investor hält eine Long-Position in der Erwartung, dass diese Aktie steigen wird. Ein Short-Verkauf umfasst den Verkauf von geliehenen Aktien in der Hoffnung, dass deren Kurs fallen wird. Wenn der Kurs tatsächlich fällt, können die Aktien zurückgekauft und an den Verleiher zurückgegeben werden. Die Differenz zwischen dem Kurs, zu dem die Aktien verkauft werden, und dem Kurs, zu dem sie gekauft wurden, realisiert der Investor als Gewinn.

Mid Cap: Englische Bezeichnung für Unternehmen mit mittlerer Marktkapitalisierung.

Mutual funds: Amerikanische Bezeichnung für Offene Wertpapier-Investmentfonds.

Nettoinventarwert: Siehe indicative NAV.

OGAW-Richtlinie: EU-Richtlinie über Organismen für die gemeinsame Anlage in Wertpapieren. Die Richtlinie (auf Englisch: UCITS_ guide- line) zielt auf eine Vereinheitlichung des europäischen Investmentrechts, um so europaweit Vertriebshindernisse für Investmentfonds zu beseitigen. EU-Richtlinien müssen von den Mitgliedstaaten erst in nationales Recht umgesetzt werden, bevor sie rechtlich wirksam werden.

Open-ended-Funds: Ein Offener Investmentfonds hat keine vorher festgelegte Anzahl von Anteilen (wie bei in Deutschland verbotenen Geschlossenen Fonds), sondern gibt ständig neue Anteilszertifikate heraus und nimmt sie auch wieder zurück. Der Wert eines Zertifikats ergibt sich anteilig aus dem Vermögenswert des Fonds und der Barbestände. Er wird von den Fondsgesellschaften täglich anhand von aktuellen Kursen ermittelt und veröffentlicht. Hierbei wird zwischen Ausgabekurs und Rücknahmepreis unterschieden.

Option: Garantiert das Recht, innerhalb eines definierten Zeitraums einen bestimmten Basiswert zu einem fixen Preis (Ausübungspreis) kaufen (Call) oder verkaufen (Put) zu können.

Performance: Gesamte Wertentwicklung eines Fonds oder eines Portfolios. Bei Fonds wird die prozentuale Wertentwicklung inklusive Ausschüttung berücksichtigt, und zwar unter der Annahme der Wiederveranlagung dieser Ausschüttungen, aber meist ohne Berücksichtigung des Ausgabeaufschlages.

Primärmarkt: Emissionsmarkt.

Portfolio: Zusammensetzung einer Kapitalanlage bzw. des Fondsvermögens.

replicate: abbilden, replizieren.

Securities: Wertpapiere.

Sekundärmarkt: Hier werden Wertpapiere gehandelt und übertragen.

Short-Selling: Englische Bezeichnung für Leerverkauf. Wenn ein Anleger Aktien auf Termin verkauft, ohne in Besitz dieser zu sein, tätigt er einen Leerverkauf. Der Investor spekuliert dabei auf fallende Kurse. Tritt dieses Szenario ein, erwirbt er die Aktien bis zum Fälligkeitstermin zu einem niedrigeren Kurs als zum ausgehandelten Verkaufspreis.

Settlement: Mit Settlement wird die Erfüllung eines Finanzgeschäftes, insbesondere eines Termingeschäftes bezeichnet. Man unterscheidet zwischen Cash-Settlement (Differenzausgleich in Geld) und physischem Settlement (Lieferung des Basiswertes).

Small Cap: Aktien von kleineren börsennotierten Unternehmen. Die Titel werden meist nicht allzu stark gehandelt, die Liquidität der Papiere ist daher unter Umständen beschränkt.

Spread (Geld-/Brief-Spanne): Differenz zwischen dem besten Kauf- und Verkaufskurs für ein Wertpapier zu einem bestimmten Zeitpunkt.

Stock: Englische Bezeichnung für Aktie sowie für das Grundkapital einer Gesellschaft.

Stopp-Loss-Order: Anweisung eines Kunden an einen Broker zum Verkauf für den Fall, dass eine Aktie unter ein bestimmtes Niveau fällt.

Tracking Error: Misst die Standardabweichung der Fondsrendite von der Rendite der Benchmark: Je höher der Tracking Error, desto ungenauer verfolgt ein Fonds seine Benchmark.

Umbrella fund: Hierbei handelt es sich um eine übergeordnete Fondsstruktur, in die beliebig viele Unterfonds (Subfonds) gegliedert werden können. Meist ausländische Investmentfonds, die dem Anleger unter einem gemeinsamen Schirm (engl.: umbrella) Anlagen in verschiedene Einzelfonds der gleichen KAG bieten. Jeder Unterfonds hat einen speziellen Anlageschwerpunkt. Der Anleger kann dann je nach Markteinschätzung und Risikoneigung ohne zusätzlichen Spesenaufwand oder zu minimalen Gebühren zwischen den Unterfonds wechseln. Der Ausgabeaufschlag fällt einmalig nur beim Einstieg in den Umbrellafonds an. Nach österreichischem Investment-fondsrecht ist es einer inländischen KAG nicht erlaubt, einen solchen Fonds aufzulegen. Ausländische Umbrella-Fonds sind in der Regel aber zum Vertrieb in Österreich zugelassen.

Xetra: Elektronisches Handelssystem der Deutschen Börse für den Kassamarkt. Rund 430 Mietgliedsbanken aus 18 Ländern sind angeschlossen. ETFs werden z. B. über Xetra gehandelt.